时代华商
物业管理
策划中心

组织编写

智慧物业管理与服务系列

物业管理与服务常见问题解答

全国百佳图书出版单位

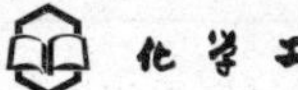 化学工业出版社

·北京·

内容简介

《物业管理与服务常见问题解答》一书由前期物业管理常见问题解答（物业项目接管验收、物业项目入伙服务），物业安全维护常见问题解答（安全防范管理、消防安全管理、道路交通管理、突发事件管理），物业环境维护常见问题解答（保洁服务、绿化服务、虫害防治与消杀管理、物业区域污染防治、物业违章搭建管理），工程维保服务常见问题解答（设施设备管理、建筑养护管理、二次装修管理），客户服务常见问题解答（日常服务的开展、客户走访与回访、客户投诉处理、客户关系维护、社区文化建设），物业日常管理常见问题解答（物业多种经营的管理、人力资源的管理、服务质量的控制）内容组成。

本书采用图文解读的方式，让读者在轻松阅读中了解物业管理与服务的要领并学以致用。本书尽量做到去理论化，注重实操性，以精确、简洁的方式描述重要知识点，满足读者希望快速掌握物业管理相关知识的需求。

本书可作为物业公司基层培训的教材；物业公司也可运用本书内容，结合所管辖物业的实际情况，制定有本公司特色的物业服务工作标准。

图书在版编目（CIP）数据

物业管理与服务常见问题解答/时代华商物业管理策划中心组织编写. —北京：化学工业出版社，2022.9
（智慧物业管理与服务系列）
ISBN 978-7-122-41642-1

Ⅰ.①物…　Ⅱ.①时…　Ⅲ.①物业管理-商业服务-问题解答　Ⅳ.①F293.347-44

中国版本图书馆CIP数据核字（2022）第100370号

责任编辑：陈　蕾　　　　装帧设计：溢思视觉设计 E-mail: isstudio@126.com ／程超
责任校对：张茜越

出版发行：化学工业出版社（北京市东城区青年湖南街13号　邮政编码100011）
印　　装：天津画中画印刷有限公司
710mm×1000mm　1/16　印张13　字数172千字
2022年9月北京第1版第1次印刷

购书咨询：010-64518888　　　　售后服务：010-64518899
网　　址：http://www.cip.com.cn
凡购买本书，如有缺损质量问题，本社销售中心负责调换。

定　　价：59.80元

前言

Preface

随着城市化进程的不断加快与深入，居民社区、写字楼、大型商场、公共基础服务设施、工业园区、学校、医院、景区等都对物业管理这一行业有着极大的需求。但是，针对不同等级的物业标准又为物业管理的要求提出了相应的规范，而现代高水平的物业管理正有推向智能化发展的趋势，打造一个便捷、舒适、高效、智能的物业管理氛围是现代物业管理不断向前发展的探索目标。

目前，物业管理行业不仅需要强化各项信息化手段在现代物业管理中的应用力度，还应促使现代物业管理向着智能化方向发展，突出现代物业管理的智能化内涵，满足现代化社区对其中物业管理提出的要求，为居民提供更加智能化、人性化的服务，推动物业服务高质量发展。

2020年，住房和城乡建设部、工业和信息化部、国家市场监督管理总局等6部门联合印发《关于推动物业服务企业加快发展线上线下生活服务的意见》中明确指出，要推进物业管理智能化，强调推动设施设备管理智能化。物业管理行业逐渐进入泛智慧化的新阶段，设施设备作为物业管理领域中的重点和难点，同时也是融合新技术进行价值赋能最好的试验田，成为各物业公司的“必争之地”，其中以建筑智能化为抓手进行数字化转型已成为发展智慧物业的主要落脚点之一。

智慧物业借助智慧城市、智慧社区起步发展，正逐步实现数字化、智慧化。智慧停车、智慧安防、智慧抄表、智能门禁、智能会议等智能化应用，在一定程度上提高了物业管理企业的态势感知、科学决策、风险防范能力，在激烈的市场竞争中为降本增效提供了充分的技术保障，进而增强企业的数字化治理能力。数字化治理是新时代下智慧物业管理应用的鲜明特征，将引领物业管理行业管理方式的深刻变革，推动面向建筑智能化的智慧物业应用迈向新高度。

现代物业管理既是机遇又是挑战，因此，物业服务企业要重视各类专业的智能化管理技术，从劳动密集型向技术密集型转变，不断学习更新管理服务技术，紧跟科技潮流，向着更广阔的发展前景迈进。

基于此，我们组织相关职业院校物业服务专业的老师和房地产物业咨询机构的老师联合编写了本书。

《物业管理与服务常见问题解答》一书由前期物业管理常见问题解答、物业安全维护常见问题解答、物业环境维护常见问题解答、工程维保服务常见问题解答、客户服务常见问题解答、物业日常管理常见问题解答六部分内容组成，可为物业管理者提供参考。

本书在编写过程中引用的范本和案例，大都来自知名物业企业，但范本和案例是解读物业服务企业标准化实操的参考和示范性说明，概不构成任何广告。

由于编者水平有限，加之时间仓促、参考资料有限，书中难免出现疏漏，敬请读者批评指正。

编　者

目录

Contents

第一章 1 前期物业管理常见问题解答

第二章 15 物业安全维护常见问题解答

第六章 169

物业日常管理常见问题解答

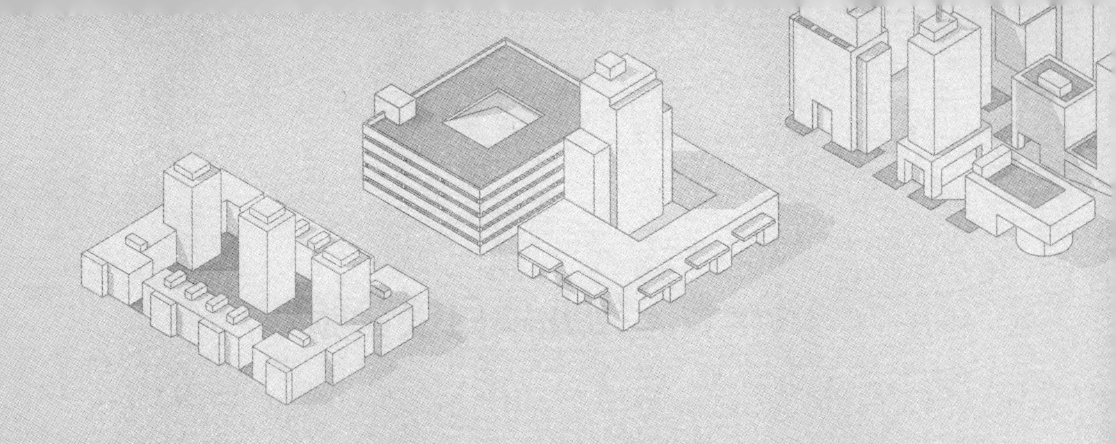

第一章 前期物业管理常见问题解答

Chapter one

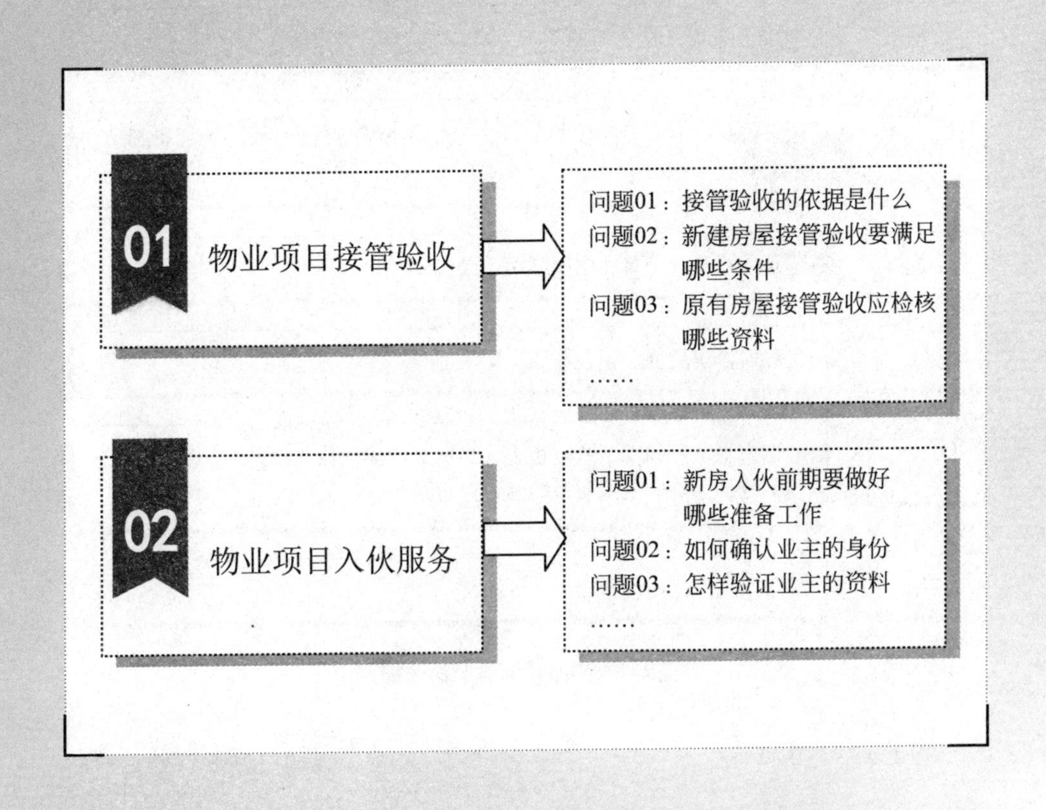

第一节　物业项目接管验收

问题01：接管验收的依据是什么

物业接管验收需要一些必要的依据，具体如图1-1所示。

依据一：所有已经发布的各专业验收规范和质量标准（包括国家、行业和地方的较为完备的规范、标准）

依据二：前期施工合同（协议）制定的标准、要求

依据三：所有专业施工所用的施工图、竣工图、设计变更单

依据四：所有设备、材料等的技术说明书、安装使用说明书和设备、设备制品、主要材料等的清单、合格证等

依据五：隐蔽工程验收记录和中间试验记录

依据六：工程质量事故处理记录

依据七：前期施工阶段的竣工验收报表（包括政府部门和监理公司出具的），分项、分部、单位工程质量检验评定记录

依据八：设备试压、试运行合格报告等

图1-1　物业接管验收的依据

问题02：新建房屋接管验收要满足哪些条件

新建房屋接管验收时，要满足图1-2所示的三个条件。

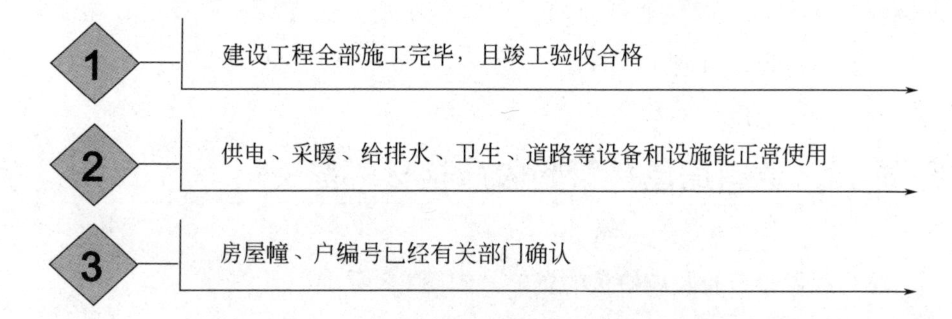

图1-2　新建房屋接管验收时要满足的条件

1.建设工程全部施工完毕，且竣工验收合格

（1）全部施工完毕。工程项目不仅包括房屋的主体工程，而且也包括房屋的附属工程，以及设计规定的应与主体工程同步交验的配套项目（不得漏项、甩项）。住宅小区内分期建设的工程项目，可以分阶段组织验收、交接，但公用项目未竣工不得影响前期接管工程的正常使用。

（2）竣工验收合格。即由建设单位会同施工单位及有关专业主管部门，按照国家建筑施工验收规范及其他专业质量标准，进行工程竣工验收。验收部门对工程项目进行检查、考核、鉴定，取得数据资料、凭证，证明工程项目符合标准，并呈报批准通过。

2.供电、采暖、给排水、卫生、道路等设备和设施能正常使用

即要求供水、供电、供气等设施正常运转，做到电通、水通、气通、路通（高级住宅还要求电话线路进户、电视信号到位、安全技防联网）。并做到雨污水排放畅通，废弃物处理落实，绿化面积达标，房屋配套齐全，设备功能完备，能满足业户生活必需的要求。

3. 房屋幢、户编号已经有关部门确认

即要求建设单位在房屋竣工验收前，同当地公安部门联系，确认幢、户编号，提前申领门牌，并安装到位，以免业户入住后，无法申报户口、入托入学、安置就业、邮电通信。幢、户编号不清，也会给产权登记、物业管理、房产交易带来后遗症。

问题03：原有房屋接管验收应检核哪些资料

原有房屋接管验收应检核的资料，如图1-3所示。

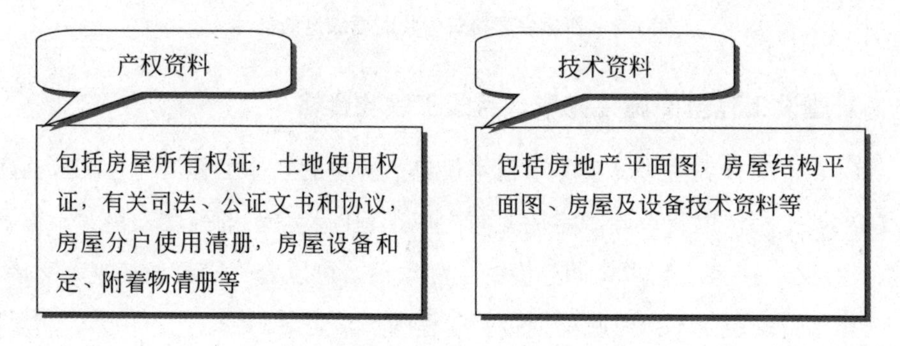

图1-3 原有房屋接管验收应检核的资料

问题04：如何进行房屋实体验收

房屋实体验收其实就是对物业共用部位、共用设施设备进行查验。物业服务企业必须做好这项工作，因为，物业服务企业日常工作的重点就是共有设施设备的维护。在进行实体验收时，必须要做到图1-4所示的两点。

在实践中，有一些属于建设单位子公司的物业服务企业或急于承揽业务的物业服务企业，对物业没有进行认真细致的查验，或者只是流于形式地进行查验，出现质量问题时，一些业主认为是物业服务企业维护不力，而物业服务

企业则认为是建设单位移交的物业存在质量缺陷，从而与建设单位互相推诿责任，不少物业服务企业为此承担了本应由建设单位负责的物业维修责任。

要点一　掌握物业共用部位和共用设施设备的数量、状态和性能

对物业共用部位、共用设施设备进行查验，主要是摸清情况，了解和掌握物业的数量、状态和性能，以便于物业服务企业根据实际情况，采取适当的方式维护物业，确保物业具备正常的使用功能

要点二　对问题要做好记录，且交接双方要确认

对物业共用部位、共用设施设备存在的问题进行记录，并由开发建设单位和物业服务企业进行确认，分清责任

图 1-4　房屋实体验收的要点

问题05：为什么要明确接管日期，划清责任界线

物业服务企业只对接管后的物业问题负责，保质期内非人为因素的问题仍由开发商或施工方负责。如果开发商在施工验收合格后没有及时移交物业服务企业接管，使物业服务企业接管后的设备保质期缩短，物业服务企业应向开发商提出，延长保质期。

问题06：验收中发现不合格问题怎么办

对于接管验收中出现的不合格问题，物业服务企业应向建设单位出具书面的不合格问题整改通知，要求建设单位在限定时间内完成不合格问题的整改。在规定时间完成整改有困难的，建设单位应以书面形式做出解释，并对整改时限做出书面承诺。完成整改后，物业服务企业应对整改问题进行复

检，复检合格且经双方签字确认后，整改复检工作即完成。

在实际工作中，由于接管验收具有时限要求，所以在处理不合格问题时，物业服务企业在征得移交方的同意，并下达不合格整改通知后，可以先对不合格项进行接收，并监督建设单位在规定时限内完成整改工作。

问题07：接管验收遗留问题怎么处理

1.资料验收遗留问题

对于资料验收中发现的资料不全、不真实、不合格等问题，接管验收小组应当将问题逐项记录在“接管验收资料遗留问题登记表”中，并交开发商对接负责人签字确认；对于物业硬件设施接管验收中发现的不合格问题，接管验收小组应当将问题逐项记录在“接管验收设备设施问题登记表”中，并交开发商对接负责人签字确认。

接管验收小组应当积极同开发商联系补齐，必要时物业服务企业领导应当协助进行。

2.物业硬件设备和设施遗留问题

接管验收小组应当要求开发商在规定时间内解决物业硬件设备设施的遗留问题，必要时物业服务企业领导应当协助进行。

3.长期解决不了并会影响物业管理的遗留问题

物业服务企业应当以备忘录的形式将问题进行登记，并交开发商确认。

问题08：如何落实保修事宜

关于交接验收后的物业保修事宜，物业服务企业与建设单位，应按照相关规定签订保修实施合同，明确保修项目的内容、进度、期限、方式等。为了保证保修的及时，交接双方可以根据具体情况协商采取下列方法：

（1）建设单位委托物业服务企业包干保修，建设单位一次性拨付保修费用，由物业服务企业包干使用，费用标准由双方依据物业质量商定。

（2）建设单位一次性向物业服务企业预付保修金，由物业服务企业用于应急代修，保修期满，按实结算保修金额。

（3）由建设单位组建一支维修小分队，在保修期内，留在住宅小区，承担各项保修任务。

案例赏析

空调软连接管断裂，谁负赔偿责任

【案例背景】

××大厦物业服务企业收取每户业主3元/平方米的物业服务费，并与业主签订“物业服务管理合同”，合同中界定了共用部位和共用设施设备，并约定，在保修期内，按照“质量保证书”的规定，由该大厦开发建设单位负责房屋质量及设施设备质量的保修。随后，在该大厦中央空调第一个供暖期间，李先生家空调软连接管断裂，物业服务企业发现后及时采取措施切断水源，待李先生赶到现场时，损失已殃及楼下四家业主。为此，李先生等五家业主要求维修和赔偿。物业服务企业协调开发建设单位担责，但是开发建设单位以种种理由拖延。于是，李先生联合相关业主将物业服务企业和开发建设单位告上法庭，要求赔偿。法院就此案公开宣判，由开发建设单位修复并承担赔偿责任。

【案例点评】

入住装修期一般处在前期物业管理阶段，此期间物业管理的主要风险是合同风险，在订立合同时，物业建设单位属于主导方，因为，物业相关资料的移交、物业管理用房与商业经营用房的移交、空置房屋物业管理费的交纳等均需要物业建设单位的支持与配合。因此，建设单位在与物业服务企业订立前期物业服务合同时，可能会将本不该由物业服务企业承担的风险转嫁给物业服务企业。物业服务合同是整个物业管理关系的核心，对法律上没有规定或者规定模糊的事项及免责条款，应当在合同中明确；对一些难以实现的承诺，不要在合同中约定。本案例中，由于物业服务企业关于房屋及设施设备的质量保证事宜已在合同中做了明确规定，所以，李先生等五户业主的损失理当由建设单位赔偿。

第二节　物业项目入伙服务

问题01：新房入伙前期要做好哪些准备工作

新房入伙前，物业服务企业应做好表1-1所示的准备工作。

表1-1　新房入伙前期的准备工作

序号	工作项目	工作内容
1	查阅资料，熟悉物业和业主的情况	新房入伙前，物业服务企业应组织人员及时从房地产开发商手中取得已售出物业的业主详细资料，并仔细对照接收到的物业资料，进一步熟悉每一位业主及其所购物业单元的相关资料，这样才能为每一位业主提供周到的服务
2	制订并分项落实入伙方案	（1）管理处办公用房和员工宿舍的落实及装修 （2）拟订入住流程 （3）根据小区的实际情况和管理协议的要求，拟订入伙后治安、车辆管理、垃圾清运等方面的配套改进意见或整改措施 （4）拟订、印刷相关的文件资料，如管理公约、住户手册、入伙通知书、收房须知、收费通知单、房产交接书、入伙表格等

续表

序号	工作项目	工作内容
3	相关人员到岗、培训、动员	入伙前相关人员应全部到位，并进行严格培训、充分动员，以提高其工作能力、激发其工作热情，这样才能在今后的工作中减少差错，确保服务质量
4	协调与相关单位的关系	物业服务企业要和房地产开发商一起同水、电、燃气、电信等公用事业单位进行协调，解决遗留问题，以免业主入伙以后因此类问题引起纠纷，从而影响入伙工作及今后物业管理工作的正常开展
5	设备设施试运行	给排水、电梯、照明、空调、燃气、通信、消防报警系统必须进行试运行，如有问题应及时整改，以确保各设备设施处于正常的工作状态
6	做好清洁卫生、安全保卫等工作	入住前做好环境卫生清洁工作，让住户感受到一个整洁的住宅或办公室环境。同时还要加强安全保卫工作，保证管理区域不发生盗抢事件，保证住户财物能够及时安全地搬入房内

问题02：如何确认业主的身份

业主身份的核对依据为：

（1）购房合同。

（2）开发商的业主档案、资料。

问题03：怎样验证业主的资料

业主资料主要从开发商的销售部门（或客户服务部）获得，物业服务企业应对业主资料进行审核验证，验证内容包括：

（1）表格填写是否完整、正确和清晰。

（2）“住户公约”和“管理协议”是否已签署。

（3）身份证明文件与购/租房合同及“业主登记表”是否一致。

审查通过后，入伙管理员应留存“购/租房合同”复印件、“业主登记表”“住户公约”“管理协议”各1份，并在“入伙手续书”上注明已签收。

问题04：如何做好入伙现场管理

业主的入伙是一件值得庆贺的事，物业服务企业，要做好表1-2所示的各项工作。

表1-2 入伙现场的管理要求

序号	工作内容	工作要求
1	入伙现场要营造出喜庆的氛围	物业服务企业的所有员工应整齐着装、举止大方。当业主迎面走来时，接待人员应报以微笑，引领介绍
2	高度重视安全工作	小区门口人流汇集，保安员应及时疏导车辆，指引业主前往入伙接待处。另外，物业管理人员与业主彼此不熟悉，各种承揽工程及兜售产品的人员鱼龙混杂，因此必须高度重视安全工作
3	加强与政府部门联系，集中办理	入伙是开发商售房后举行的最后一次大型活动，物业服务企业可充分配合房地产开发商与政府相关部门联系，集中时间、统一办理，以减少业主日后的麻烦
4	标志明确、设备齐全	入伙现场应摆放明显的标志牌。客户服务中心的位置应设在方便走动的中央地带，并配有桌椅、饮料等物品，方便业主填写资料。另外，在办公地点还应配备复印机，方便为业主复印资料
5	发放资料袋	业主进入物业服务企业入伙接待处后，由接待人员核对身份，在业主签到表上登记，并领取资料袋和小礼物。资料袋中装有业主应知悉及签署的各种文件和表格
6	协助业主办理手续	签到后，业主由接待组引导完成文件签约、收费、咨询、讲解等工作。物业服务企业负责复印、收集业主的有效证件以及公司单位的法人委托书等资料。财务组负责准备好业主的费用清单，方便业主交纳
7	答疑解惑	业主如有疑问，接待人员应将其带到专门的咨询组。如咨询组的解释仍无法令业主信服，则由上一级主管人员负责接待。对个别拒绝签署文件的业主，物业服务企业应视具体情况采取不同的处理办法

只要一切为业主着想，以业主为中心开展各项工作，就能够使入伙工作有条不紊，并最大限度地减少各种纰漏。

问题05：应向入伙人发放哪些资料

物业服务企业在入伙现场应向入伙申请人发放相关资料，包括“入住说明”“住户手册”“住户公约”“管理协议”“预交费用标准”“装修须知”“住户登记表”“装修审批表”“验收交接表”等。这些资料发放后，由业主在“业主入伙登记册”中记录已签收，或由管理人员注明。“入住说明”中应明确业主填写并提交的资料，包括：

（1）身份证及复印件。

（2）“业主登记表”。

（3）“购/租房合同”的正本及复印件。

（4）已签署的“住户公约”“管理协议”。

问题06：入伙后期如何联系物业建设单位和业主

业主入伙大约半年后，物业建设单位在物业管理中的作用会越来越小，业主与物业管理单位的联系也越来越少，但物业的很多项目仍处于保修期内，此时，业主如想找物业建设单位，管理处应代为联系。

（1）物业服务企业向业主提供物业建设单位项目负责人的姓名、联系地址和联系电话，由业主自行与物业建设单位联系。

（2）由业主提出书面报告，物业服务企业转交物业建设单位。

（3）由物业服务企业就有关情况出具书面报告，请物业建设单位予以协调解。

问题07：如何进行入伙模拟演练

为了充分展示一个物业服务企业的物业管理水平，圆满完成入伙工作，入伙管理工作组应提前对工程、客服等现场服务人员进行有针对性的入伙专项培训，确保所有人员熟知各项工作流程及标准。而且安排专业的部门如品质发展部，提前一周入驻项目现场，监督各项入伙工作的准备情况，并进行指导；安排工程技术部对各项配套设施进行认真检查，确保运行正常。

另外，为给业主（用户）提供高标准的入伙服务，物业服务企业最好制订入伙模拟演练方案，对入伙中各个部门的人员做统一的安排，并在入伙前的两三天，进行入伙模拟演练。对演练中发现的问题，及时进行处理、纠正，并做进一步的培训。

案例赏析

入伙期间推出“家装超市”，方便业主

【案例背景】

××住宅小区在当地具有良好市场口碑和庞大的业主群体，而且房屋又多是毛坯房，自然蕴藏着不小的商机。大大小小的装饰公司和家具、家电、建筑材料等商家纷至沓来，他们都想抓住这个机遇，赚上一把。

一般物业服务企业的通常做法，要么将其堵在小区外，任其揽客兜售；要么将其放进小区内，任其摆摊设点。作为决心塑造××市物业管理一流品牌的××物业服务企业，觉得这些做法都不妥当，既容易造成小区管理秩序的混乱，又容易导致业主在鱼龙混杂中选择失误。

为此，××物业服务企业兼顾各个方面的需求，借鉴当今最流行的“自选商场”经营管理模式，推出了“家装超市”。在开发商的大力支持下，启用小区尚未交付的商业门房作为经营场所，供商家集中进行产品

展示和业务洽谈；开辟出小区中心景观旁的部分区域作为宣传阵地，供商家集中进行招贴布置和广告推广。同时实行了严格的市场准入制度，只有经过审核并具备相应资质、一定实力和信誉的商家，才允许进入物业公司组建的“家装超市”。

“家装超市”的推出，使入伙后装修期间的物业管理工作更加有序，受到了各方的普遍欢迎。商家觉得同行坐到一起形成了商业氛围，生意好做了。业主觉得这样可以从容比较各家的优劣长短，选择余地宽了。物业公司觉得“家装超市”化繁为简，混乱现象没了，小区形象更好了。

【案例点评】

物业管理是个新兴的行业，不可避免地有些许稚嫩。想要加速自己的成长、加快自己的成熟，就要善于兼收并蓄、博采众长，这样就让自己站在了巨人的肩膀上。

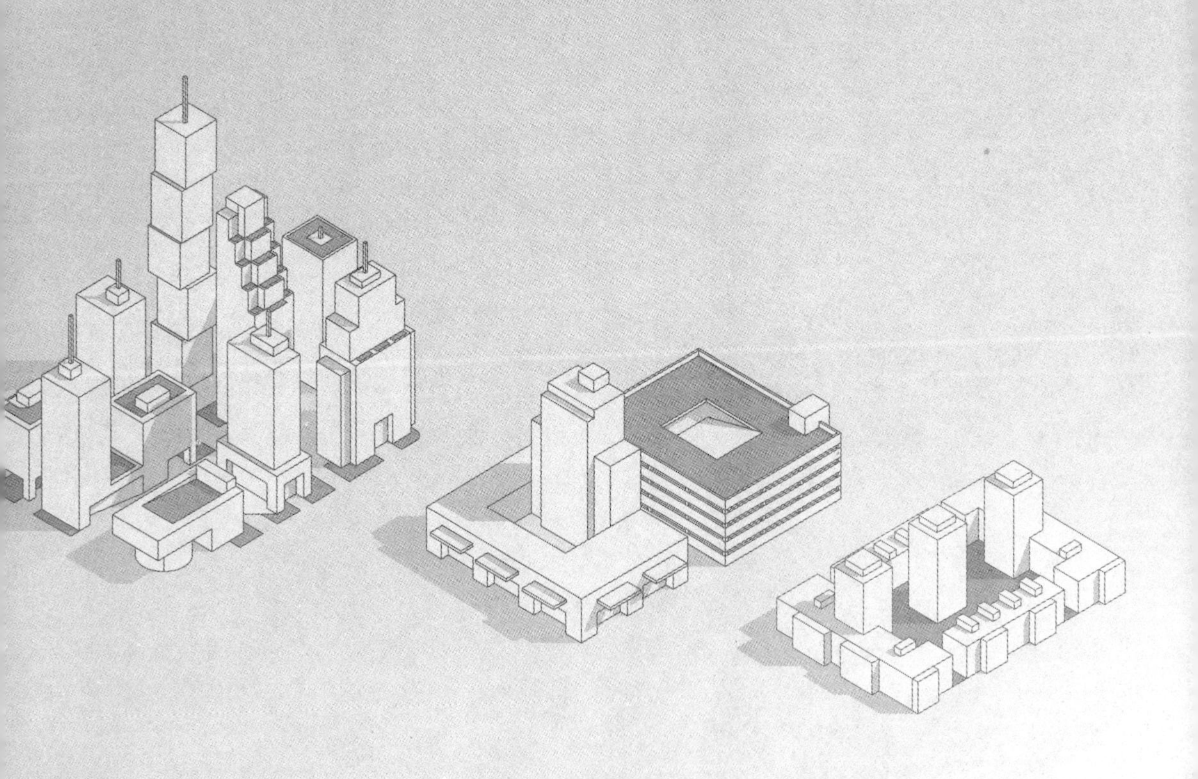

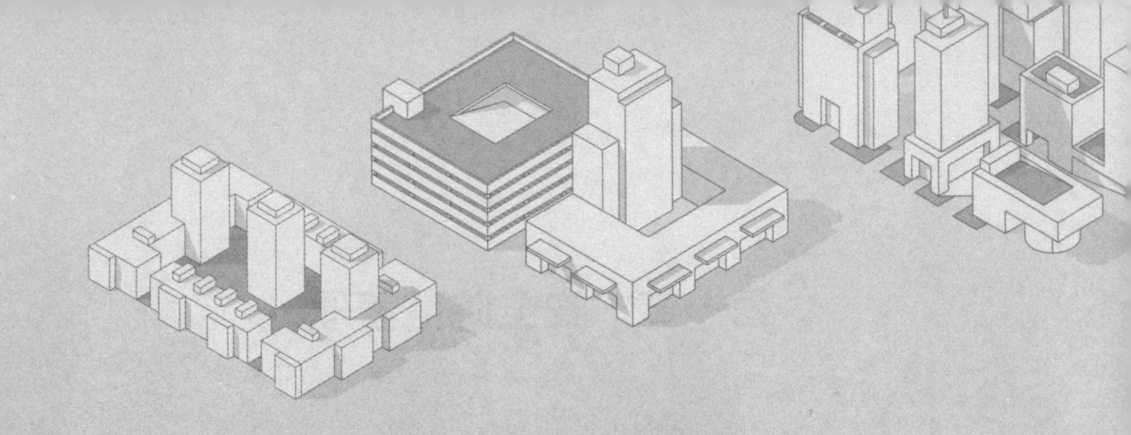

第二章 Chapter two | 物业安全维护常见问题解答

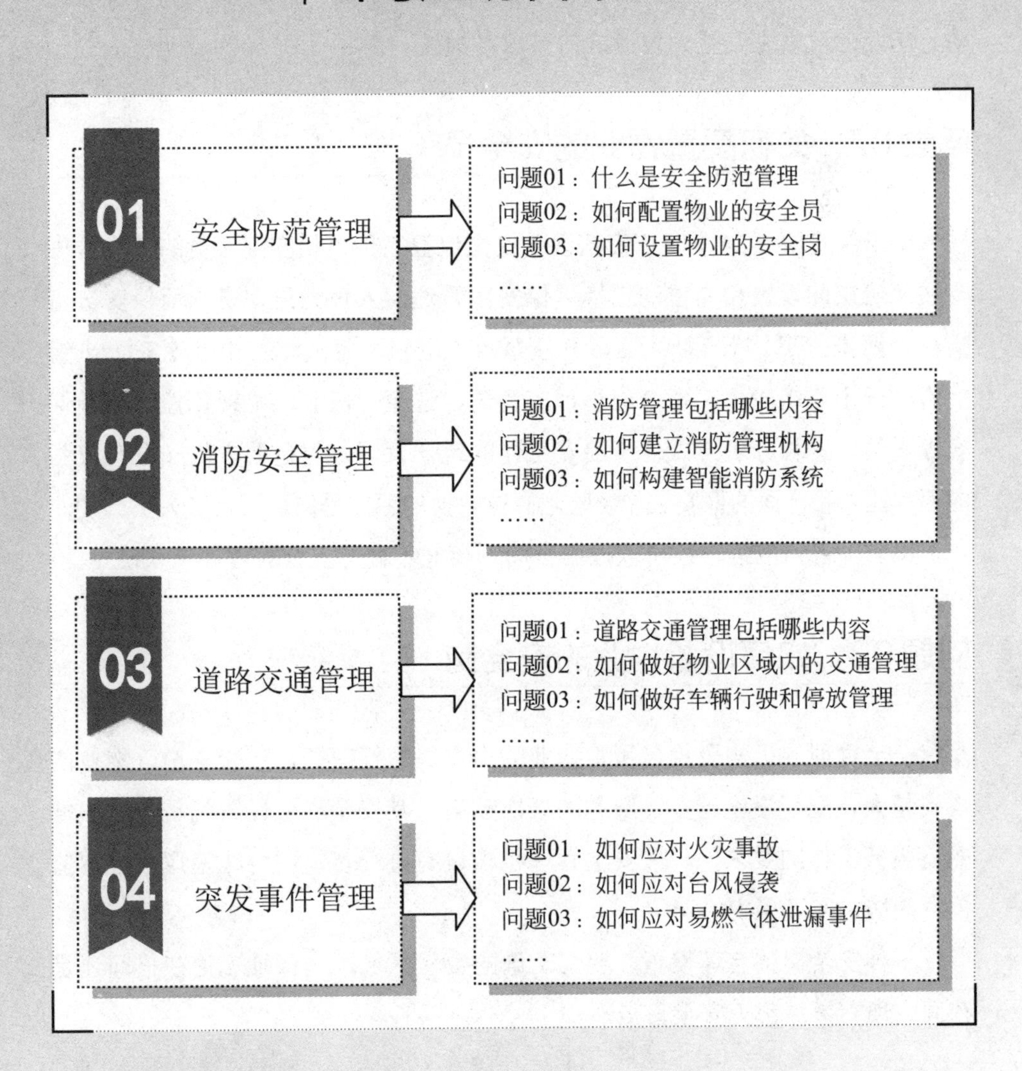

第一节　安全防范管理

问题01：什么是安全防范管理

安全防范管理是指物业服务企业为防盗、防破坏、防流氓活动、防意外及人为突发事故，对所管理物业进行的值勤、监视、巡逻等一系列管理活动。防范的对象主要是人为造成的事故与损失。

问题02：如何配置物业的安全员

由于保安部要24小时负责辖区的安全保卫工作，保安部人员的工作排班要注意班次的设置和岗位的轮换。保安部管理层人员为日常班，而保安员可实行“四班三运转”，即将保安员分为四个班组，每天早、中、晚三个班组上班，一个班组轮休，每个班组都有消防、巡逻、门卫、电视监控、车场保安等人员。这种分班方式便于治安工作的统一管理，但是要求班长具有较强的管理能力和全面的保安工作经验。岗位轮换的原则是岗位固定、人员流动。

保安部人员的排班还可以根据日间和夜间不同的安全管理要求来确定。

问题03：如何设置物业的安全岗

安全管理的机构设置与所管物业的类型、规模有关，一般来说，物业的规模越大、配套设施越多、服务的档次越高，其安全岗位设置就越多。根据物业服务工作的要求，一般安全管理机构设有办公室、门卫、巡逻、电视监控、消防、车场保安等岗位。

多种安全岗的合理设置，要有明确的责任区域，以保证无论在日间还是夜间，所有区域都无安全盲点。

问题04：如何设置安全管理警示标志

为保证业主（用户）及物业管理服务人员的人身安全，避免意外发生，保安部门应在易发生事故和意外的场所设置明显的警示标志，并制定有效的防范措施。

比如，在墙体、天台围墙等地应设置“危险!请勿攀爬”警示牌；在配电室、煤气房等地应设置“闲人免进”“禁止烟火”等警示牌；在清洁现场应放置“小心地滑”警示牌；外墙清洗等高空作业时，应摆放“正在施工”“高空作业”等警示牌；在停车场内设立各种指示灯、警示语，防撞、防滑标志，人行道、车行道、进口、出口标志，标高、限速标志等。

问题05：如何完善辖区内安全防范设施

物业的治安管理除了依靠人力外，还应注重技术设施的防范。因此，物业服务企业应根据自身的财力与管理区域的实际情况，配备必要的安全防范措施。

比如，在商住小区四周修建围墙或护栏；在重要部位安装防盗门、防盗锁、防盗报警系统；在商业大厦安装闭路电视监控系统和对讲防盗系统等。

问题06：如何构建智慧物业安全防范系统

一个优秀的物业服务企业必然包括一个安全、可靠、高效、人性化、智能化的安全防范系统。为了更好地观察物业服务企业所管辖区域周边环境及建筑物内外部情况，可在室外干道等公共区域，安装摄像监控设备；在建筑物内部区域，安装报警探测、摄像监控、门禁控制等设备；在建筑物外墙布设主动红外预警系统，通过人防和技防相结合的方式，实现区域安全。

根据上述分析及要求，智慧物业安全防范系统应包括图2-1所示的几个子系统。

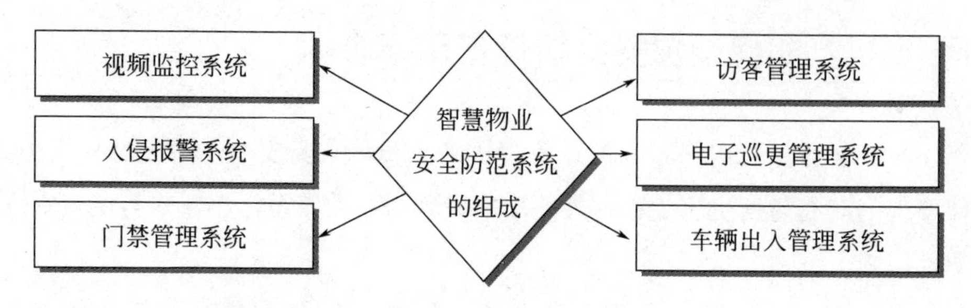

图2-1　智慧物业安全防范系统的组成

1. 视频监控系统

视频监控系统是通过图像监控的方式对楼宇的主要出入口和重要区域进行实时、远程视频监控的安防系统。系统通过前端视频采集设备即摄像机，将现场画面转换成电子信号传输至系统中心，然后通过显示单元实时显示、存储设备录像存储等功能，实现工作人员对各区域的远程监控及事件的事后检索。

2. 入侵报警系统

入侵报警系统是向安保人员提供非法入侵报警信号的安防系统。系统通过前端布置的探测器实现对楼宇周边及重要区域的非法入侵探测，一旦监视区域内发生非法入侵，前端探测器立即发出报警信号到系统中心，并通过声光报警的方式提示安保人员。

3. 门禁管理系统

门禁管理系统主要是在办公区、生产区、库房等重要场所的出入口处设置门禁读卡器，工作人员通过统一发放的门禁卡进出权限范围内的区域，同时结合楼宇停车管理系统、考勤系统及消费系统等可实现楼宇一卡通功能。

4. 访客管理系统

访客管理系统通过在门卫或前台设置访客机，访客出示身份证或其他证件，访客机扫描或阅读相关证件，读取相关个人信息，并打印访客单或发放可循环使用的临时ID/IC卡（可根据需要对访客拍照），对来访人员进行管理。在登记信息时，该系统指定被访人员，自动授予相关区域的门禁权限，并配合视频监控图像对访客的进、出信息进行实时记录。

5. 电子巡更管理系统

电子巡更管理系统通过在楼宇的主要干道、楼梯间、重要机房、仓库等场所设置巡更点，安保人员在特定时间内按设计好的线路进行巡更，将人防和技防相结合，实现楼宇的安全管理。该系统分离线式巡查及在线式巡查两种，离线式无需布线至系统中心，施工方便，系统伸缩性强，但实时安全性不高。在线式通过巡更点与系统中心直接连接，能实时显示巡查人员的身份信息、地理位置等，很大程度上提高了电子巡查的安全性；在工程建设时还能整合楼宇的门禁管理系统，达到节约造价成本的目的。

6. 车辆出入管理系统

车辆出入管理系统采用先进的技术和高度自动化的机电设备，将机械、电子计算机和自控设备以及智能IC卡技术有机地结合起来，通过电脑管理实现车辆出入管理、自动存储数据等功能，并提供一种高效的管理服务。

问题07：如何制订完备的巡逻方案和详细的巡逻计划

执行巡逻任务前应制订详细具体的巡逻计划，明确巡逻范围、巡逻任务、职责要求、人员配置、巡逻路线、巡逻方式、应急处置等具体内容，并严格按照计划执行巡逻执勤，以保证巡逻任务的顺利完成。

1. 确定巡逻路线时应考虑的因素

（1）必须将物业范围内的所有重点目标都包括进来。

（2）巡逻路线以最短为佳。

（3）不能让外人知道巡逻规律。

2. 确定巡逻时间时应考虑的内容

确定巡逻时间的最重要依据是治安动向和刑事犯罪活动的规律、特点。具体巡逻时间的确定，主要应考虑以下三个方面：

（1）根据不同性质、不同类型案件的发生时间、地点的不同，巡逻时间也应有所区别。

（2）有些案件受季节变化的影响，巡逻时间也应随之进行调整。

（3）根据某些案件一天内的发生数量，以及不同案件的高发时间，确定每天巡逻的重点时间。

比如，某业主携带20万元现金在住宅小区门口遭歹徒抢劫，而距离事发地仅10余米的物业服务企业保安人员没能及时拦截劫匪。为了确保业主（住户）的安全，防止突发事件给业主造成伤害，物业服务企业应该增加保安人员的数量以及保安巡逻的次数，加强安全防范的力度和措施，有效地防止案件的发生。

问题08：如何做好小区宠物管理

近年来，城市居民饲养宠物或饲养家禽的现象越来越普遍，许多人都通过饲养宠物来获得精神上的满足，所以因宠物发生的纠纷也越来越多。因此，宠物管理也进入物业服务企业的管理范围。

因为法律规定物业服务企业没有权利禁止业主饲养宠物，所以，宠物管理成了物业服务企业不得不面对的难题。图2-2提供了一些宠物管理的措施，供大家参考。

1. 制定宠物管理公约或者规定

物业服务企业应制定宠物管理公约或规定，让业主知晓，饲养宠物应到主管部门办理宠物豢养证，到物业管理处进行登记，携带宠物到户外活动必须遵守相关的规定，违规或发生宠物纠纷业主应承担责任等。

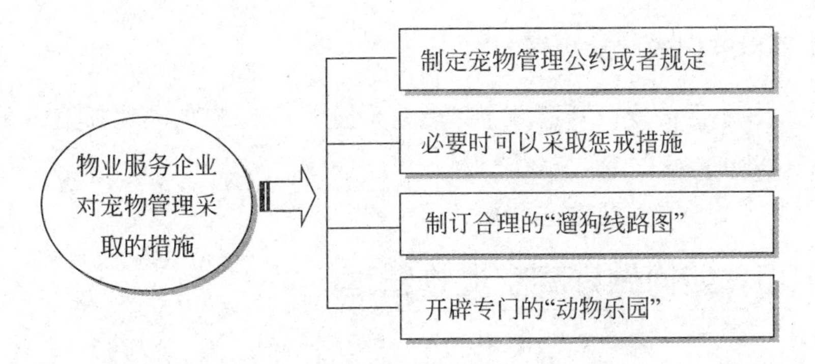

图2-2　物业服务企业对宠物管理采取的措施

比如，居住在某小区的王老太太晨练归来正欲乘电梯回家时，从电梯里窜出来一条狗，将王老太太吓了一跳，许久未缓过神来。为此，王老太太要求物业管理部门支付精神损失费3000元。后经多次协商，赔付王老太太500元精神损失费。

此事反映了物业管理部门管理上的漏洞，许多地方法规都明确规定，饲养的宠物不得进入载人电梯等公用设施内，妨碍居民的正常生活。而物业管理部门未张贴告示，让住户了解相关文件精神，也未让电梯工作人员制止宠物进入电梯，因此，物业管理部门负有责任，应该赔付。

2. 必要时可以采取惩戒措施

对一些无视居民人身安全、公共卫生，放任宠物乱叫乱窜、随地便溺的业主，应采取必要的惩戒措施。

比如，对违规者进行批评、在小区里公布养狗道德评议"黑名单"，或让违规者享受不到某些社区便利等。

这些惩罚措施，目的是督促小区住户尽量少养宠物、文明饲养宠物，在业主改正后即可取消。

3. 制订合理的"遛狗线路图"

可以根据小区的具体情况，制订一张"遛狗线路图"，并发放给小区内养狗的居民，建议他们沿着固定线路遛狗。

4.开辟专门的“动物乐园”

可以在小区内专门开辟一个“动物乐园”，让所有的动物都集中在这个区域，以减少影响范围。

问题09：如何做好高空抛物管理

高空抛物也称高空掷物，是行为施加人的一种主观行为，也是严重违背社会公德与道德的行为，给小区住户带来的恐慌情绪与负面影响是无法估计的，故被称为一把悬在城市上空的利剑。

高空抛物行为施加人可能有以下几类：小区住户、物业服务企业员工、小区外来人员（如装修工、小区来客）等。高空抛物行为的出现地点基本都是在楼内，受害地点都在小区公共区域。

《中华人民共和国民法典》（以下简称《民法典》）第一千二百五十四条规定：禁止从建筑物中抛掷物品。从建筑物中抛掷物品或者从建筑物上坠落的物品造成他人损害的，由侵权人依法承担侵权责任；经调查难以确定具体侵权人的，除能够证明自己不是侵权人的外，由可能加害的建筑物使用人给予补偿。可能加害的建筑物使用人补偿后，有权向侵权人追偿。

物业服务企业等建筑物管理人应当采取必要的安全保障措施防止前款规定情形的发生；未采取必要安全保障措施的，应当依法承担未履行安全保障义务的侵权责任。

发生本条第一款规定的情形的，公安等机关应当依法及时调查，查清责任人。

很显然，这条规定扩大了物业服务企业等建筑物管理人的职责范围，物业服务企业对高空抛物行为有采取安全保障措施的义务，如果物业服务企业未能履行该义务，则应承担侵权责任。

物业服务企业应当采取的安全保障措施，具体如图2-3所示。

措施一	加装必要的监控设备，增强对高层建筑的监控，不仅监控业主专有的窗户，还应对公共区域（如消防通道）的窗户进行监控。实施必要的安保措施，包括对高层建筑易脱落部分的及时检查、检修
措施二	向业主、小区进入人员、员工等进行宣传，防患于未然。宣传着重强调以下几点：高空抛物的危害；高空抛物很可能涉嫌刑事犯罪；提醒业主加强对孩子的教育和监护，孩子抛物导致的责任由家长承担
措施三	定期开展检查，排查建筑物自身的风险与隐患；明确建筑物各部位的管理责任人，建立相关台账随时备查；尤其注意对正在装修的住户进行检查
措施四	要增强员工的法律意识和安全生产意识。一方面，当出现高空抛物、坠物造成他人损害事件后，要积极配合公安、法院等部门的调查取证工作。另一方面，在高空作业时，注意加强安全防护，保证自身安全的同时也要防止物体坠落
措施五	物业服务企业也可以采取投保物业责任保险的方式，来辅助性地降低自身原因需承担的相应法律责任

图2-3　防范高空抛物的安全保障措施

问题10：如何调解邻里纠纷

邻里纠纷主要涉及房屋漏水、通信、采光、噪声、排污等，物业小区的管理者——物业服务企业往往不得不参与其中进行调解。调解邻里纠纷的主要对策，如图2-4所示。

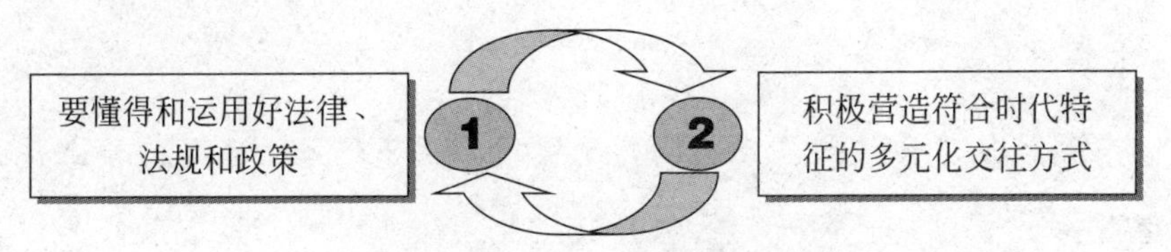

图2-4　调解邻里纠纷的主要对策

1. 要懂得和运用好法律、法规和政策

作为一名社区调解员，在日常调解工作中，首先要懂得和运用好法律、法规和政策；对每一起邻里纠纷的起因要全面了解，不可只听一方当事人的片面之词；对引起纠纷的事情要有正确的辨析能力，要把握好纠纷事情的轻重缓急，适时进行调解。要寻找一种双方都能体面接受的方式进行调解，对双方动之以情，晓之以理，在不伤和气的氛围下妥善解决纠纷。同时，在物业服务企业的能力范围内提供一些实际的帮助，也可以解决引起纠纷的问题。

2. 积极营造符合时代特征的多元化交往方式

目前，在许多社区里，邻里间缺少必要的沟通。因此，物业服务企业可针对这一特点，和居委会、街道办等相关部门积极营造符合时代特征的多元化交往方式，比如：

（1）多举办各种社区活动，利用共同的兴趣把业主请出家门，通过活动和聚会交往，使邻里间慢慢地培养感情。

（2）让业主可以有渠道反映日常生活的问题并互相交流，在减少矛盾和摩擦的同时也建立起互助互爱的邻里关系。

案例赏析

楼上漏水引起的纠纷

【案例背景】

某高校住宅区住户范某发现其厕所顶棚往下漏水，于是与楼上住户徐某交涉，要求其将厕所的防水再做一遍，徐某以自家没有装修为由不

予理会，范某多次要求解决没有结果，因此将徐某告上了法庭，但在庭审中范某由于证据不足而败诉。于是范某将自家的厕所顶棚重新更换。后范某家的厕所顶棚大面积漏水，范某又来到徐某家查看，原来是暖气管的阀门被徐某弄坏，大量暖气水流到地面并向楼下渗漏。范某又向徐某提出更换厕所地砖、重做防水的要求，徐某执意不肯。于是范某找到物业服务企业，要求物业服务企业出面给予解决，物业服务企业了解情况后，立即派人到两家开展调查，发现由于管道多年未修，已经腐烂，需要更换。因学校售房给个人时承诺管道是学校维修的公共部位，所以，维修费应由学校支付。物业服务企业向学校递交了申请专款的报告，经批准后与两家协商达成共识，将徐某家的防水重做，并保证使用与原地砖颜色相近的材料，从而解决了两家的纠纷。

【案例点评】

楼上漏水是造成邻里之间纠纷和矛盾的一个重要因素，及时解决漏水问题有利于维护业主之间的和睦关系。《民法典》第二百八十八条规定，不动产的相邻权利人应当按照有利生产、方便生活、团结互助、公平合理的原则，正确处理相邻关系。

由楼上漏水产生的物业管理纠纷，可根据《民法典》中的过错责任原则来判定责任。过错责任原则以过错为要件，因当事人一方的过错造成的后果，就由过错者承担责任，负担费用；没有过错就没有责任，那么费用的承担就适用公平原则，由双方共同分担。本纠纷由于是学校承诺的公共部位——管道损坏所致，所以应由承诺方支付维修费用。而且，物业服务企业积极地参与调查处理，起到了很好的调和作用。

第二节　消防安全管理

问题01：消防管理包括哪些内容

消防管理包括防火和灭火两个方面。物业管理消防工作的重点应放在“防患于未然”，即将防火工作做在前头，从人力、物力、技术等多方面做好预防火灾的充分准备。当火灾灾情发生后，物业服务企业应采取措施将损失降低到最小。

问题02：如何建立消防管理机构

物业服务企业要想做好消防安全管理，首先要建立一个消防管理机构，明确机构中每个人的工作职责。具体可从以下几个方面着手：

1.消防组织建设

物业管理处是物业的管家，对消防责任义不容辞。而物业管理处的工作人员，也就自然地成了消防安全工作的实施者。对于物业服务企业而言，一定要明确内部消防组织的人员组成，并将人员名单登记在“消防组织情况表”上，列入火灾应急指挥的组织架构。

2.明确公司的防火安全责任人

一般而言，应出具文件来明确防火安全责任人。但这并不意味着未出现在名单上的人员就没有消防责任。

3.确定各级人员的消防安全责任

对各岗位及人员：消防安全领导小组、消防兼职领导、消防中心、消防队员、义务消防队员等，也都要明确消防职责，并以文件的形式体现出来。

问题03：如何构建智能消防系统

智能消防系统是指火灾探测器探测到火灾信号后，自动切除报警区域内有关的空调器，关闭管道上的防火阀，停止有关换风机，开启有关管道的排烟阀，自动关闭有关部位的电动防火门、防火卷帘门，按顺序切断非消防用电源，接通事故照明及疏散标志灯，停运除消防电梯外的全部电梯，并通过控制中心的控制器，立即启动灭火系统，进行自动灭火。

智能消防系统主要由三大部分组成，第一部分为感应机构，即火灾自动报警系统；第二部分为执行机构，即灭火控制系统（消防灭火系统）；第三部分为避难诱导系统，后两部分也统称为消防联动控制系统，如图2-5所示。

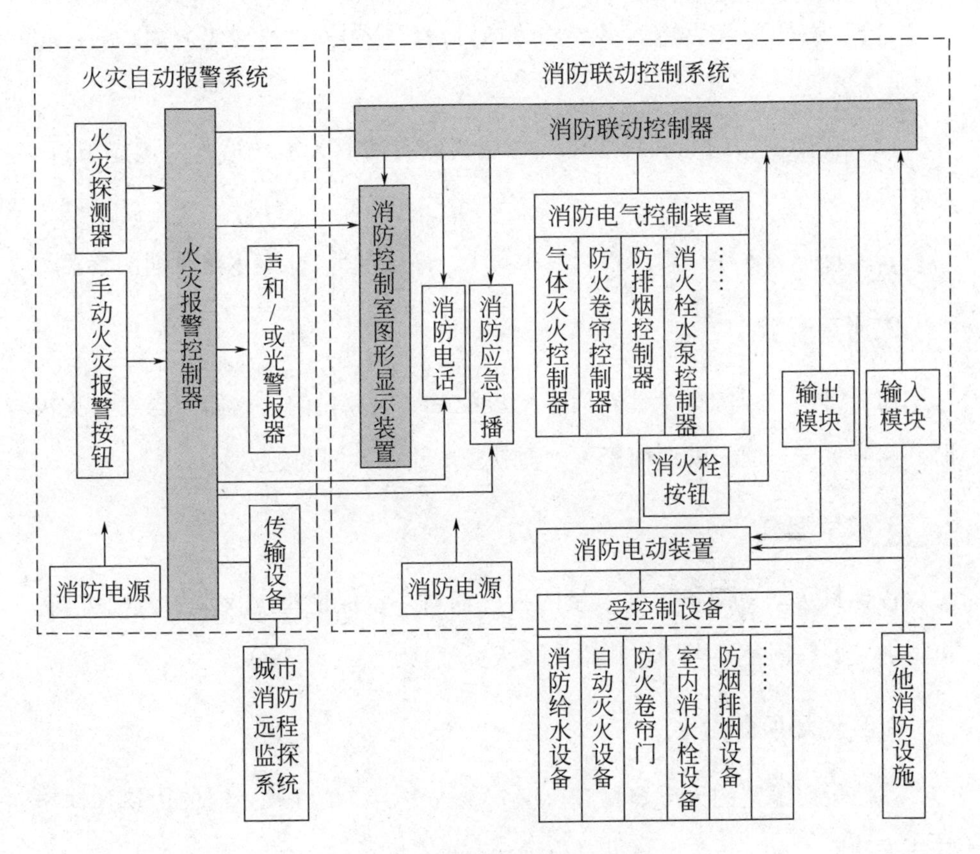

图2-5　智能消防系统的构成

问题04：如何配置消防器材

消防器材是保证消防安全的前提，没有一套完整有效的消防器材，消防工作就很难开展。因此，物业服务企业要做好消防器材的配置工作，并时常检查器材的使用情况，对出现损坏的要及时修理或更换。具体配置要求如下：

1. 楼层配置

消防器材的配置应结合物业的火灾危险性，针对易燃易爆物品的特点进行合理地配置。

（1）一般在住宅区内、多层建筑中，每层楼的消火栓（箱）内均应配置2瓶灭火器。

（2）在高层和超高层物业中，每层楼放置的消火栓（箱）内均应配置4瓶灭火器。

（3）每个消火栓（箱）内均应配置1～2盘水带、1支水枪及消防卷盘。

2. 岗亭配置

物业管理项目的每个保安岗亭均应配备一定数量的灭火器。当发生火灾时，岗亭保安员应先就近使用灭火器扑救本责任区的初起火灾。

3. 机房配置

各类机房均应配备足够数量的灭火器材，以保证机房火灾的及时处置。机房内主要有固定灭火器材和推车式灭火器。

4. 其他场所配置

其他场所配置的灭火器材应保证发生火灾后，能在较短时间内迅速取用并扑灭初期火灾，防止火势进一步扩大蔓延。

问题05：如何做好消防安全检查

物业消防管理工作很大一部分都是通过检查来完成的。物业消防安全检查的内容及场所主要包括：消防控制室、自动报警（灭火）系统、安全疏散出口、应急照明与疏散指示标志、室内消火栓、灭火器配置、机房、厨房、楼层、电气线路以及防排烟系统等。

消防安全检查的要点，如图2-6所示。

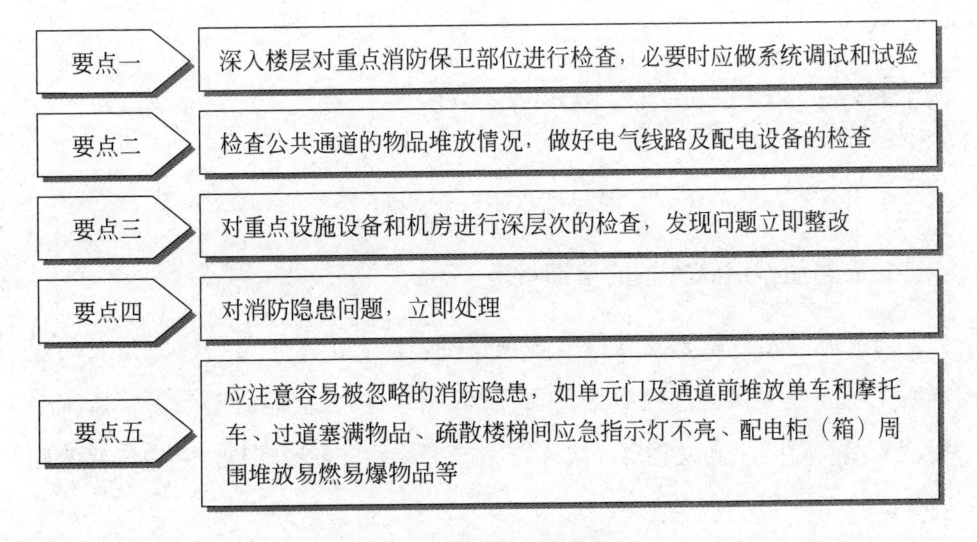

图2-6　消防安全检查的要点

问题06：如何对员工进行消防培训

物业服务企业应加强对员工的消防安全教育，定期组织员工进行防火和灭火知识培训，提高员工的火灾应急处置能力。还应定期组织所有员工进行灭火演练，使全体人员掌握必要的消防知识，做到会报警、会使用灭火器材、会组织群众疏散和扑救初起火灾。对于新员工，上岗前必须进行消防安全培训，考核合格后方可上岗。

员工消防培训操作程序如下：

（1）明确授课人，由人力资源部指派。

（2）选择授课地点，确定授课时间。

（3）明确授课内容：防火知识、灭火常识、火场的自救与救人、灭火的基本方法与原则。

（4）组织学习人员参加考核。

（5）考试结果存档备案，并进行总结。

问题07：如何组织应急预案演练

组织应急预案演练，一般包括以下几个步骤：

1.应急预案演练方案的申请批准

物业服务企业或物业服务管理项目部，应提前一个月将应急预案演练方案上报业主委员会，经业主委员会批准后，向公安消防部门主管警官汇报、备案；同时，就应急预案演练方案向主管警官征询意见，并进行修改和完善。

2.应急预案演练实施的通知

在应急预案演练前两周，应向物业管理区域内的业主（用户）发出应急预案演练通知。在应急预案演练前两日，应在公共区域张贴告示，进一步提示业主（用户）应急预案演练事宜。

3.应急预案演练内容的分工

也就是说，要对应急预案演练的内容进行分工，落实到具体的部门或人员身上。表2-1为某物业项目消防演练内容的分工。

表2-1 消防演练内容的分工

序号	人员分工	工作内容
1	灭火总指挥	（1）向消防值班人员或其他相关人员了解火灾的基本情况 （2）命令消防值班人员启动相应的消防设备 （3）命令物业服务企业员工根据各自分工迅速各就各位 （4）掌握火场扑救情况，命令灭火队采取适当方式灭火 （5）命令抢救队采取相应措施 （6）掌握消防相关系统运行情况，命令配合指挥采取相应措施；协助消防机关查明火因；处理火灾后的有关事宜
2	灭火副总指挥	在灭火总指挥不在现场时履行总指挥的职责；配合灭火总指挥的灭火工作；根据总指挥的意见下达命令
3	现场抢救队和运输队	负责抢救伤员和物品，本着先救人、后救物的原则，运送伤员到附近的医院进行救治；运输火场急需的灭火用品
4	外围秩序组	负责维护好火灾现场外围秩序，指挥疏散业户，保证消防通道畅通，保护好贵重物品
5	综合协调组	负责等候引导消防车，保持火灾现场、外围与指挥中心的联络
6	现场灭火队	负责火灾现场灭火工作
7	现场设备组	负责火灾现场灭火设备、工具的正常使用和准备
8	机电、供水、通信组	确保应急电源供应、切断非消防供电；启动消防泵，确保消防应急供水；确保消防电话和消防广播畅通；确保消防电梯正常运行，其他电梯返降一层停止使用；启动排烟送风系统，保持加压送风排烟

4.应急预案演练前的培训、宣传

对物业管理处全体员工进行应急预案演练方案培训，使各部门员工了解自己的工作范围、运行程序和注意事项。在演练前采用挂图、录像、板报、条幅等形式对业主（用户）进行消防安全知识宣传。

5.演练设备、设施、器材等的准备

在应急预案演练前一周，各种设备、设施应进入准备状态。应检查播放设备、电梯设备、供水设备、机电设备的运行状况；准备通信设备、预防意外发生的设备和器材；准备抢救设备、工具和用品等，以确保所有设备、器材处于良好状态，准备齐全。

6.准备工作落实情况的检查

演练前3天，由演练总指挥带领相关负责人对应急预案演练准备工作进行最后的综合检查，以确保演练顺利进行，避免发生混乱。检查内容包括人员配备、责任考核、设备和器材准备、运输工具以及疏散路径等。

7.应急预案演练的实施

以下为火灾应急预案演练的实施步骤：

（1）开启广播，通知业主（用户）应急预案演练开始，反复播放，引导业主（用户）疏散。

（2）灭火队各灭火小组开始行动，按分工计划展开灭火、疏散、抢救工作。

（3）电梯停到一层，消防梯启动，所有消防设备进入灭火状态。

（4）开始消防灭火模拟演练。物业服务企业进行疏散演练、灭火器实喷演练、抛接水龙带演练、救护演练、模拟报警演练等。可邀请业主（用户）观看或参加实际训练。

（5）演练结束，用消防广播通知业主（用户）应急预案演练结束，电梯恢复正常，并感谢业主（用户）、宾客的参与支持。

（6）应急预案演练总结。应急预案演练结束后，要求各灭火小组对演练工作进行总结，要走访业主（用户）或采取其他方式收集业主（用户）对应急预案演练的意见；找出存在的问题并进行讨论；改进演练方案和演练组织实施过程中的不合理之处。

案例赏析

高层火灾无伤亡

【案例背景】

2020年10月12日，四川自贡一高层住宅发生火灾。起火时业主家中无人，但家门口的感烟火灾探测器被烟雾触发，将信号反馈到消防控制室内的消防联动控制器上，并发出报警信号（警报声），同时图形显示器显示出具体位置，让消防控制室物业值班人员第一时间发现了火情。

物业人员到场确认火情后，立即启动应急预案，采取断电、断气措施，并拨打119报警，为灭火赢得了宝贵时间。消防救援人员赶到现场后，迅速利用大楼内的消火栓进行灭火。楼内居民被安全疏散，事故未造成人员伤亡。

【案例点评】

从本案例中可以看出，该物业服务企业的物业人员训练有素，掌握了发生火警时的应对方法。为避免消防方面的风险，除了正常的消防管理措施外，制订火警应急预案并组织开展消防演习是非常必要的。

第三节　道路交通管理

问题01：道路交通管理包括哪些内容

道路交通管理主要包括道路管理、交通管理、车辆管理和停车场管理四个方面，如表2-2所示。

表2-2 道路交通管理内容

序号	内容	说明
1	道路管理	对物业管理区域内的道路设施进行日常管理，对非法占用道路的行为进行纠正和处罚
2	交通管理	正确处理人、车、路的关系，在可能的情况下做到人车分流，保证物业管理区域内交通安全、道路畅通，其重点是机动车的行车管理
3	车辆管理	包括机动车、摩托车、自行车的管理，主要职责是禁止乱停乱放和防止车辆丢失、损坏
4	停车场管理	停车场分地上停车场和地下停车库两大类，主要是对场内的车位划分、行驶标志、进出停车场车辆、存放车辆的防损和防盗工作进行管理

问题02：如何做好物业区域内的交通管理

物业管理区域内的交通一般不是由交警负责，而是由物业管理处管理。对于大型物业，范围广、道路多，宜设置交通指挥岗位，安排专职人员负责指挥交通；在交叉口交通流量不大的情况下，可由秩序维护员指挥交通；在交通量较大或特殊的交叉口，则应设置信号灯指挥交通。

使用交通指挥信号灯进行交通指挥，可以减少交通指挥员的劳动强度，减少交通事故的发生，提高交叉口的通行能力。

同时，要加强对秩序维护员的培训，让每人都具备指挥交通的能力。

问题03：如何做好车辆行驶和停放管理

（1）提醒进入小区的车辆要慢行、禁鸣喇叭，并指挥车辆按规定方向行驶，停放在指定的停车位置。

（2）提醒驾驶员，关锁好车门、窗，并将车内的贵重物品随身带走。

（3）巡检车辆情况，发现门、窗没有关好，有漏油、漏水等现象，应及时通知车主或当班保安班长。

（4）留意进入辖区的一切车辆情况，禁止载有易燃、易爆等危险物品的车辆进入辖区。

（5）严密注视车辆情况和驾驶员的行为，若遇醉酒驾车者应立即劝阻，以免发生交通意外事故。

（6）对小区内穿梭的出租车进行管理：

① 指挥出租车停放到指定的位置上下客。

② 在纠正出租车乱停乱放时，应先向驾驶员敬礼，再有礼貌地要求驾驶员将车停放到指定的停车位置。

（7）指导行人走人行道，自行车靠右侧道路行驶。

（8）对辖区路面的一切车辆实行统一分类停放管理。

（9）当车主不愿意按照规定停放时，秩序维护员应当与其进行耐心沟通，劝其按规定停车，维护车辆停放秩序。

问题04：如何处置进（出）道口交通受阻的情况

（1）当发现进（出）道口交通受阻时，应迅速了解情况，查明原因，查清车主的姓名、单位，并向管理处汇报。

（2）应保持沉着冷静，掌握好对策，迅速组织人员疏散道口的车辆，并向其他车主做好解释工作，表示歉意。

（3）车场和巡逻秩序维护员要及时疏通车场通道，必要时启用车场备用进（出）口，或将进（出）口设为出（进）口。

（4）指派人员到就近的路口引导车辆，防止意外交通事故的发生。同时切换智能化收费管理系统，或采取人工收费。

（5）如果是车辆发生故障，应立即召集附近的秩序维护员在车主（驾驶员）的配合下，将车辆移至不影响交通的位置后另行处理。

（6）如因道口设施设备出现故障，导致道口交通阻塞的，应立即采取应急措施，改为人工操作，对出场车辆查验核实、收费后予以放行。

（7）对故意堵塞道口的车主（驾驶员），要耐心说服，态度和蔼，说话和气，以理服人。对不听劝阻，强行堵塞道口，造成交通严重阻塞的，在征得管理处领导同意的情况下，应及时报告交管部门依法进行处理。

（8）如果道口发生交通事故，当班秩序维护员应根据具体情况，采取适当的方法保护现场，禁止无关人员进入，以免影响证据的收集，并及时报告管理处。同时，劝说围观群众离开，提高警惕，防止有人利用混乱之机破坏现场。另外，提醒车主（驾驶员）通知承保的保险公司来现场进行处理。若属轻微交通意外，应征求车主（驾驶员）的意见，可由管理处出面，双方共同协商，妥善处理。如果交通事故中有人员受伤，应尽快送往医院救治，若情况严重，应报告公安机关依法进行处理。

问题05：停车场出现异常情况如何处理

1.停车场异常情况

停车场异常情况有：

（1）停放车辆损毁。

（2）停放车辆着火。

（3）停放车辆被盗（抢）冲闸。

（4）停放车辆故障冲（撞）闸等。

（5）进（出）道口交通受阻。

2.保护现场与收集证据

（1）一旦发现停车场有异常情况，必须及时采取有效措施保护现场，并拍摄现场照片，保存录像、车辆入场记录、巡逻记录等资料，资料上最好加有时间标志。

（2）禁止移动事故现场的车辆、物体，不得改变事故现场原貌；因抢救伤员或财物确需移动的，应标明位置，在有第三方在场的情况下记录事故经过。

（3）注意向临近停放车辆的车主和围观人群收集证言和证物。

3.保险理赔

凡停车场发生车辆异常情况并造成经济损失的，管理处必须按照规定时间、规定方式、规定程序，向公司统一投保第三者责任险的保险公司报告，要求其提供出险理赔服务，力求将损失减至最低程度。

问题06：如何确定停车费的收费标准

车辆保管的合理收费是指维护停车场正常使用必须收取的费用，如秩序维护员的劳务费支出和适当的管理费，收费标准必须在合理的范围内。

物业服务企业应根据当地政府的有关规定、自身情况、市场情况来确定收费标准，并报物价部门审核备案。在具体实施时，应严格按不同类型的停车场制定合理的收费标准；对临时停车、固定停车等应分别制定不同的标准。

为了让收费更加合理，物业服务企业最好征询固定车主的意见，与车主协商一致，最终确定收费标准。

案例赏析

拒交停车费引起的交通处罚

【案例背景】

某物业公司管理的一住宅小区，有一业主拒交停车费，物业公司多次做工作，他仍是不交。因此，物业公司通知他，如再不交就不让他的车进入小区。但该业主称，如果不让进，就把车堵在大门口。为此，物业公司特意请教了交通运输部门，了解到，交通运输部门有权将堵塞交通的车辆拉走。

所以，当该业主将车堵在门口时，物业公司当即打电话给交通运输部门，交通运输部门用拖车将该车拖走。该业主找物业公司要车，得知车是交通运输部门拉走的，他很着急，请求物业公司出面帮他要车。最后，在物业公司的帮助下，该业主向交通队缴纳了罚款要回了车，从此，再也不拒交停车费了。

【案例点评】

物业管理要依靠政府有关部门的支持，既要讲原则，还要讲策略。《中华人民共和国道路交通安全法》第三十一条规定，未经许可，任何单位和个人不得占用道路从事非交通活动。该业主将车停放在非停车场的道路上，应该受到处罚。物业公司依靠交通运输部门，既解决了堵塞道路的问题，又教育了业主，还收齐了停车费，一举三得。

第四节　突发事件管理

问题01：如何应对火灾事故

在物业管理过程中，火灾事故的应急处理程序如下：

（1）保安员接到或发现火警时，应立即向保安主管、管理处报告。

（2）保安主管接到火警通知后，立即到现场指挥灭火、救灾工作。

（3）指派一名保安班长协同管理人员负责楼内人员的安全疏散工作。

（4）消防监视中心立即通知有关人员到指挥部集结待命。

（5）大堂的保安员立即控制大堂的出入口，只许出，不许进。

（6）启动应急广播，向业主（用户）讲明火情位置，告诉他们不必惊慌，带上房间钥匙锁好门后安全有序地迅速撤离。

（7）通知工程部变电室切断电源，启动备用消防电源。

（8）通知空调机房关闭空调系统，开启防、排烟系统及加压风机。

（9）通知水泵房，随时准备启动加压水泵。

（10）拨打“119”向消防部门报警。

（11）消防人员到达后配合其工作。

（12）通知有关工程人员将消防系统恢复正常。

问题02：如何应对台风侵袭

在物业管理过程中，台风侵袭的应急处理程序如下：

（1）保安员对辖区内易受台风侵袭的部位进行全面巡查，发现有可能被台风破坏的设备和物品时，要及时进行处理；不能处理的立刻报工程部，及时进行加固或转移。

（2）各部门人员确保各自工作环境的安全；检查设备、物品是否牢固，门窗是否关严。

（3）辖区各部门准备电筒和其他必备应急物品。

（4）治安部成立后备队，在台风增强时随时准备出动。

（5）台风转变成烈风、暴风时，出动后备队，加强对辖区范围的巡查，密切注意各重点部位的防范工作。其他部门成立抢险后备队，一旦发生不测，随时出动抢险。

（6）灾后处理方法如图2-7所示。

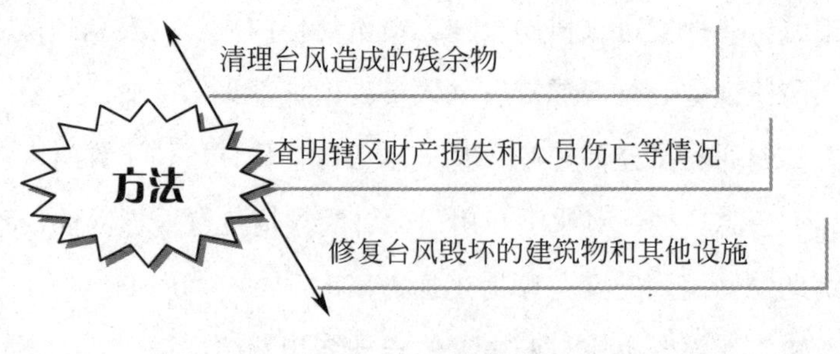

图2-7 灾后处理方法

问题03：如何应对易燃气体泄漏事件

在物业管理过程中，易燃气体泄漏事件的应急处理程序，如表2-3所示。

表2-3 易燃气体泄漏的应急处理

序号	类别	具体处理方法
1	嗅到轻微煤气味	（1）马上追查气味来源 （2）把煤气炉导燃火苗或炉火关掉。如果火苗没有开关，把煤气表旁的总阀关掉 （3）熄灭香烟及一切火焰，关闭屋内所有电暖炉 （4）打开门窗，等待煤气完全消散 （5）再点上导燃火苗或煤气炉 （6）若仍然能嗅到煤气味，马上通知煤气公司，切勿自行修理
2	嗅到浓烈煤气味	（1）关闭煤气表旁边的总阀 （2）打开所有门窗 （3）熄灭香烟及一切炉火 （4）如果屋里有伤者，且不省人事，应立即将其移到空旷的地方，并让其身体保持复原卧姿 （5）打电话叫救护车，马上通知煤气公司 （6）切勿用火柴或打火机点火，追寻煤气管上的漏气处 （7）切勿进入煤气味特别浓烈的房间，因为毒气积聚起来会使人失去知觉

问题04：如何应对公共场所人员受伤或生病事件

在物业管理过程中，公共场所人员受伤或生病事件的应急处理程序，如图2-8所示。

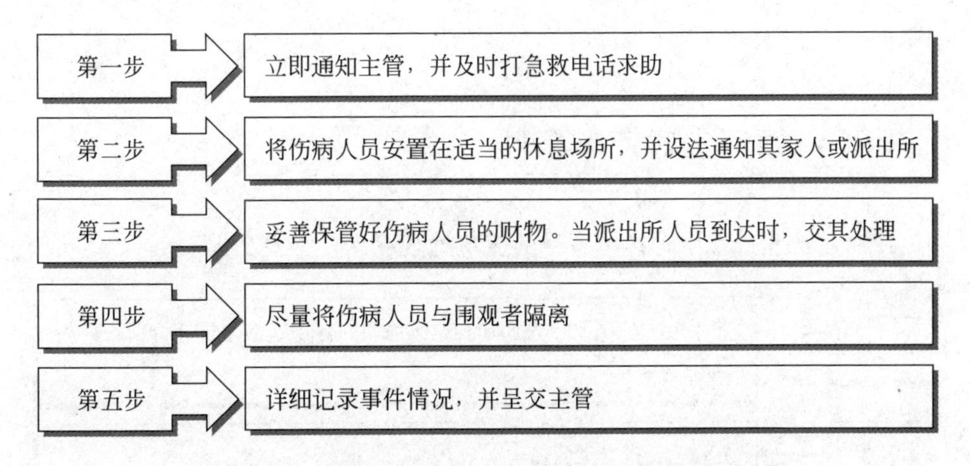

图2-8　公共场所人员受伤或生病事件的应急处理程序

问题05：如何应对电梯困人事件

在物业管理过程中，电梯困人事件的应急处理程序如下：

（1）如果有乘客被困在电梯内，则应把闭路电视镜头移至困人电梯，观察电梯内的人员活动情况，详细询问被困者的有关情况，并通知管理人员到电梯门外与被困者保持联系。

（2）立即通知电梯公司紧急维修人员前来救援及维修。

（3）如有小孩、老人、孕妇被困，或人多供氧不足，要及时请求消防人员协助。

（4）被困者救出后，询问他们的身体情况，并提供帮助；请被困者提供姓名、地址、联系电话及到本大厦的原因。如被困者不合作或自行离去，则应记录备案。

（5）记录事件从开始到结束的时间、详细情形及维修人员、消防员、警员、救护人员到达和离去的时间，以及消防车、警车及救护车的车牌号码等。

（6）记录被困者救出的时间或伤员离开的时间，并查询伤员送往哪家医院。

问题06：如何应对停电事件

在物业管理过程中，停电事件的应急处理程序，如图2-9所示。

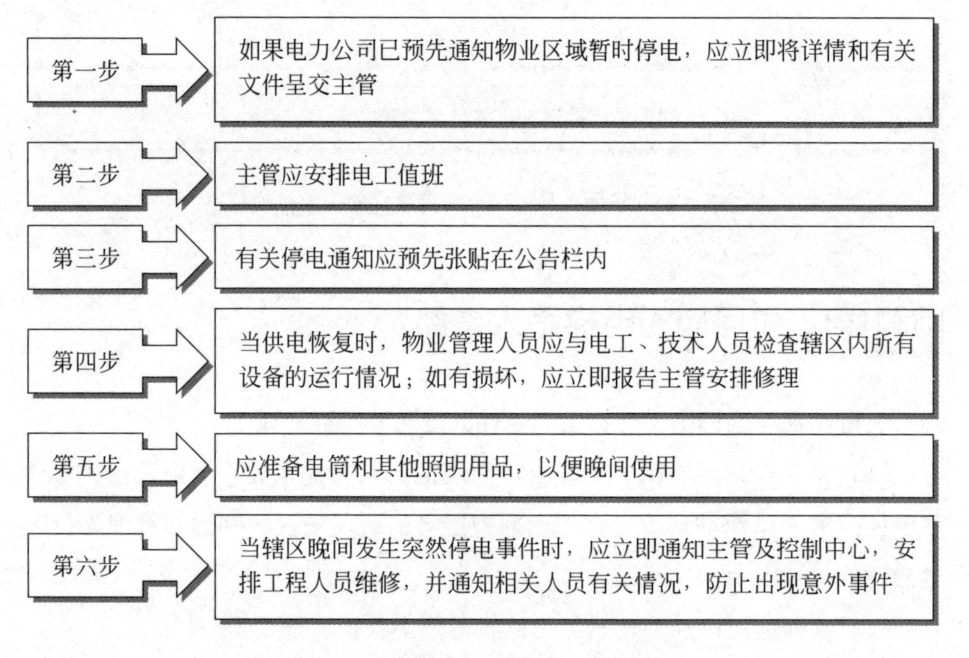

图2-9　应对停电事件的应急处理程序

问题07：如何应对盗窃事件

在物业管理过程中，盗窃事件的应急处理程序，如图2-10所示。

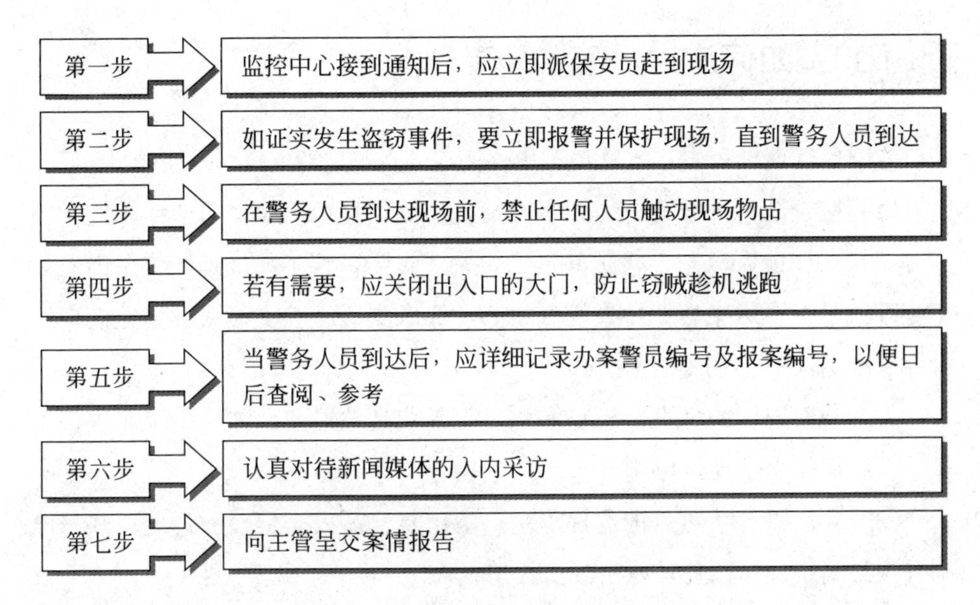

图2-10　应对盗窃事件的应急处理程序

问题08：如何应对传染病突发事件

在物业管理过程中，传染病突发事件的应急处理程序，如图2-11所示。

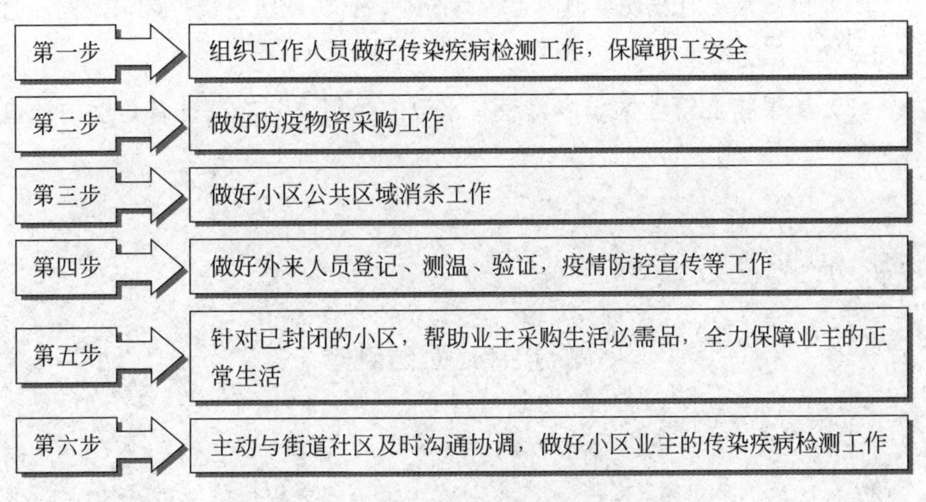

图2-11　应对传染病突发事件的应急处理程序

问题09：如何应对水管爆裂事件

在物业管理过程中，水管爆裂事件的应急处理程序如下：

（1）检查漏水的准确位置及水质情况，确认是冲厕水、工业用水还是排污水等，并在能力范围内阻止漏水，如关上阀门。若不能处理，应立即通知工程部人员、上级主管及中央控制中心，寻求支援。在支援人员到达前应尽量控制现场，防止水浸范围扩散。

（2）观察周围的情况，检查漏水是否影响其他设备，如电力变压房、电梯、电线槽等是否受到影响。

（3）利用沙包及可用的物件堆垒，防止漏水渗入其他设备设施，并将电梯升至最高楼层，以免被水浸湿而损伤机件。

（4）利用现有设备、工具，设法清理现场。

（5）如果漏水可能影响日常操作，或需要申报保险金，应拍照片存档，以便日后使用。

（6）通知清洁部清理现场积水，并检查受影响的范围，通知受影响的业主（用户）。

（7）日常巡逻时发现渠道内是否有淤泥、石块或塑料袋等杂物，应及时清理干净，以免堵塞。

（8）如果物业管理区域内曾经有水浸的经历，则必须准备足够的沙包备用。

案例赏析

水阀损坏后及时维修

【案例背景】

某日下午5:30左右，两名工程技术员正在3栋后街维修，看到6栋A

座三楼平台有一名清洁工正惊慌失措地寻找什么，好像发生了突发事故。于是两人马上赶到现场，只见6栋A座6203房旁边的一根主供水管的分水阀断掉，水直冲到6505房的窗户。工程技术员火速跑到6栋后面第一个楼梯口，将主供水阀门关掉，然后用对讲机通知客服中心做好对业主、租户的通知和解释工作。工程部领班马上组织人员进行抢修。由于工程部人员技术娴熟，黄昏时分该区域便恢复了正常供水，部分业主目睹整个抢修过程，称赞道“三正速度，无处不在”。

【案例点评】

本案例中，工程技术人员发现问题时，及时采取了处理措施，可以看出他们对小区的水管网及设施设备的位置非常熟悉；因主水管断掉会影响住户的用水，他们第一时间通知客服中心做好对业主、租户的通知和解释工作，可以看出他们的工作非常细致、负责。

物业管理中确实存在许多意想不到的突发事故，当遇到问题时不能只忙于解决问题，一定要主动、及时地与业主沟通。本案例中，管理处工程技术人员在安抚业主的同时，及时处理了问题，得到了业主的称赞，值得我们学习。

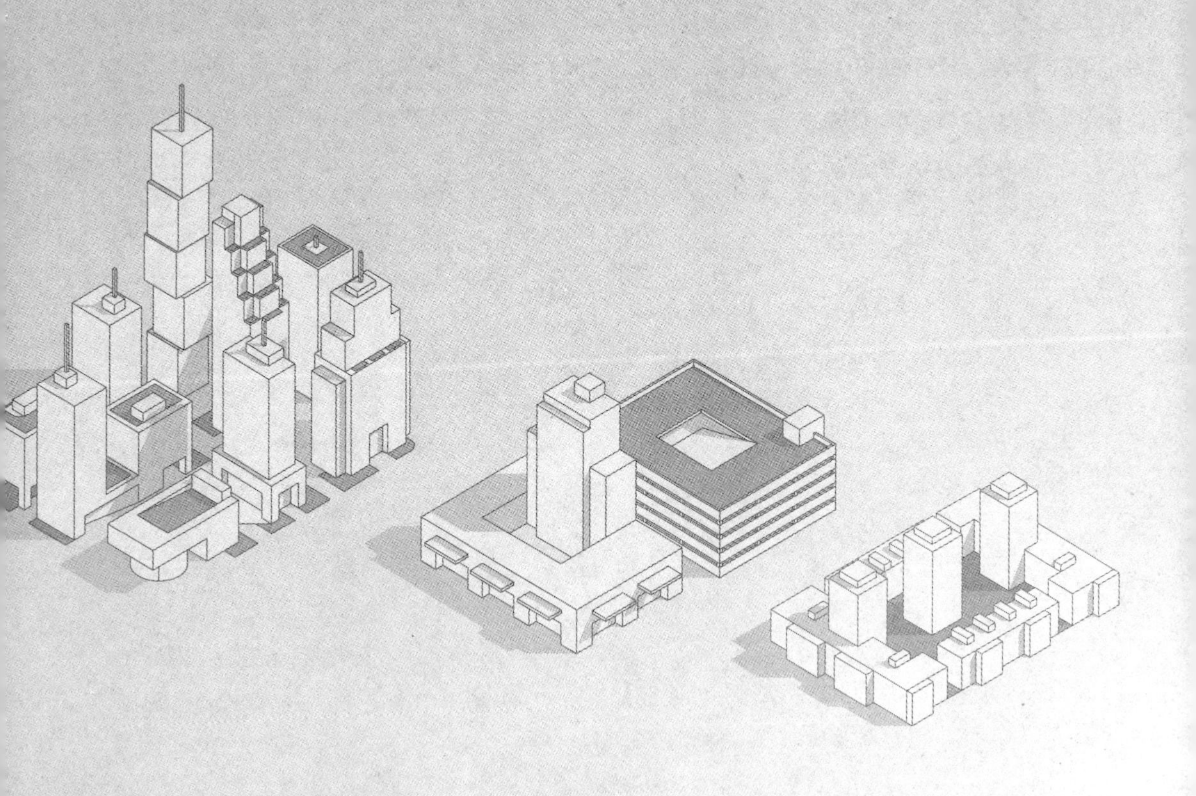

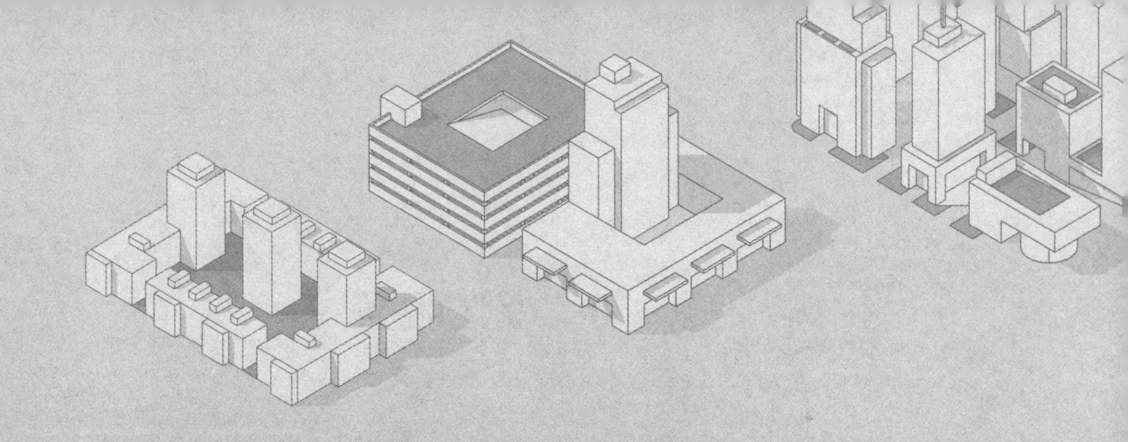

第三章 物业环境维护常见问题解答

Chapter three

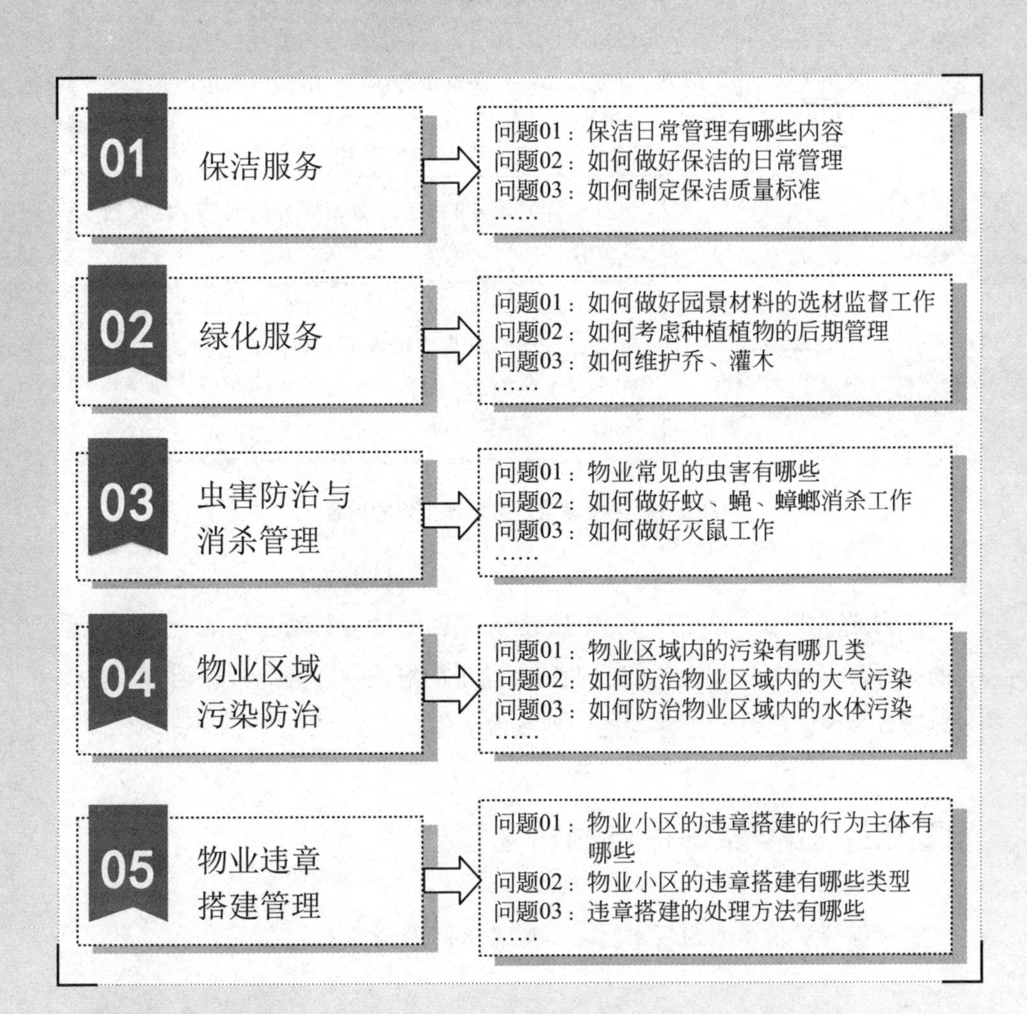

第一节　保洁服务

问题01：保洁日常管理有哪些内容

物业保洁日常管理工作，可分为图3-1所示的三类。

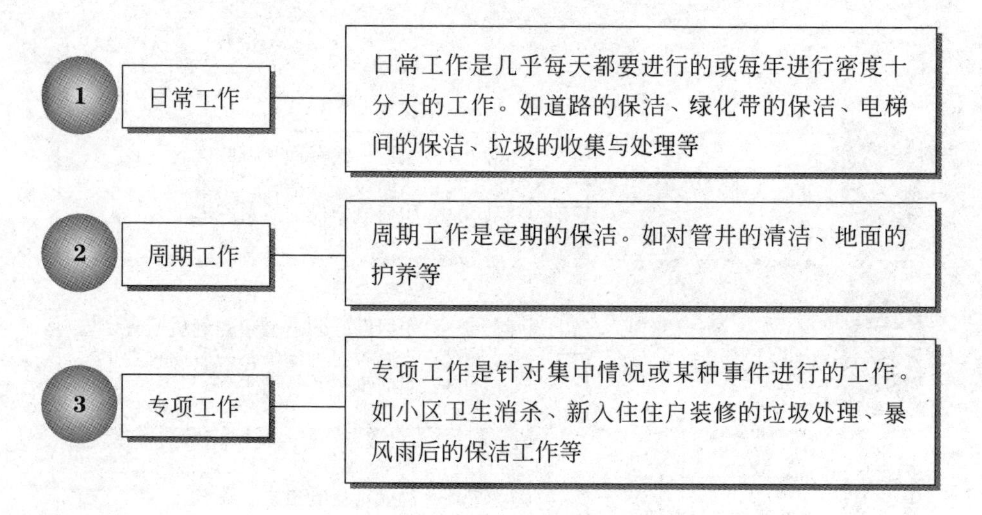

图3-1　物业保洁日常管理工作的内容

在物业环境中，整洁所带来的舒适，是衡量物业管理工作的一个十分重要的指标，它具有视觉上的直观性和心理上的舒适性。因此，保洁管理是物业环境管理中最经常、最普遍的一项基本工作。

问题02：如何做好保洁的日常管理

物业保洁日常管理的基本要求，如表3-1所示。

表3-1 物业保洁日常管理的基本要求

序号	基本要求	说明
1	责任要分明	物业保洁管理是一项细致、量大的工作，每天都有垃圾要清运、场地要清扫，工作范围涉及物业管理的每一个地方。因此，必须要责任分明，做到“五定”，即“定人、定地点、定时间、定任务、定质量”。物业范围的每一个地方均应有专人负责清扫，并明确清扫的具体内容、时间和质量要求
2	保洁要及时快速	垃圾每天都产生，灰尘随时会落下。因此，保洁工作要体现及时性。每天产生的垃圾必须及时清除，要做到日产日清，并建立合理的分类系统
3	计划安排要合理	应制订出保洁工作每日、每周、每月、每季直至每年的计划安排

问题03：如何制定保洁质量标准

标准是衡量事物的准则，也是评价保洁工作的标尺。物业区域环境保洁的通用标准如图3-2所示。

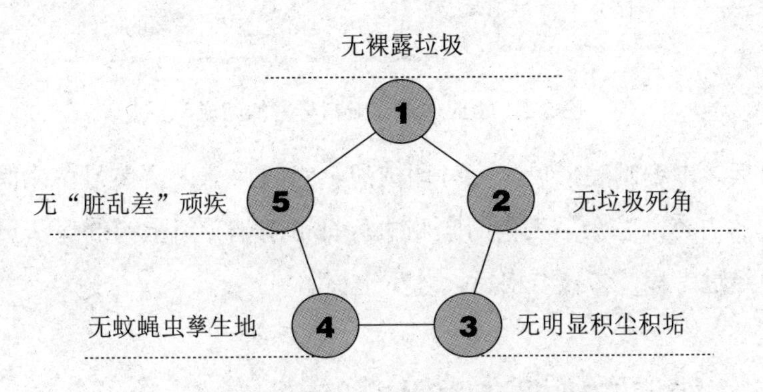

图3-2 物业区域环境保洁的通用标准

当然，不同类型、不同档次的物业管理区域的质量标准是不同的，相同物业管理区域中不同管理部位的标准也不同。物业服务企业应根据实际情况制定适合的卫生清洁标准。

问题04：如何编制保洁作业指导书

物业保洁作业指导书就是指导员工作业的方法与方式，把保洁作业的合理过程以文件的方式做出来，其目的是通过对保洁人员进行技术性指导，提高其工作效率与品质，让其更好更快地完成保洁工作。

物业保洁作业指导书一般由图3-3所示的内容组成。

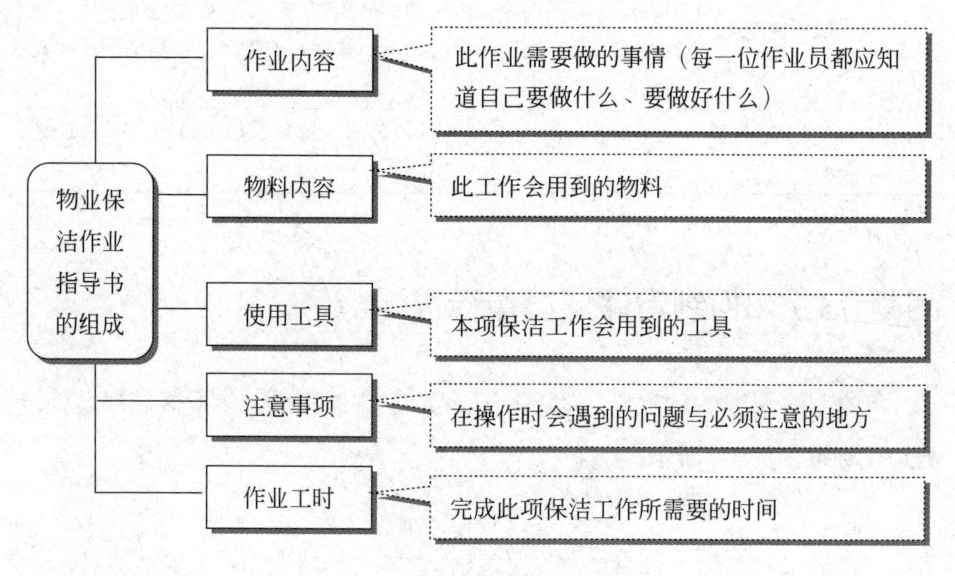

图3-3　物业保洁作业指导书的组成

作业指导书编制完成后，应打印成册，组织保洁人员学习，让保洁人员掌握其中的内容，为今后工作的顺利执行打下基础。新上岗的保洁员工培训完成后要经过考核，考核合格后，才可上岗。

问题05：如何实施保洁质量检查

检查是保洁质量控制的一种常用方法，也是很有效的方法。目前，大多数物业清洁管理部门都采用这一方法。

1.质量检查四级制

质量检查四级制，如表3-2所示。

表3-2　质量检查四级制

序号	检查级别	说明
1	员工自查	员工依据本岗位责任制、卫生要求、服务规范，对作业的效果进行自查，发现问题及时解决
2	班长检查	班长对指定管理的岗位和作业点，实施全过程的检查，发现问题及时解决
3	主管巡查	主管对管辖的区域、岗位进行巡查或抽查，应结合巡查所发现的问题、抽查纠正后的效果，把检查结果和未能解决的问题上报部门经理，并记录在交接本上
4	部门经理抽查	部门经理应对管辖区域、岗位和作业点进行有计划的抽查，并及时解决问题

2.质量检查的要求

质量检查的要求，如表3-3所示。

表3-3　质量检查的要求

序号	检查要求	说明
1	检查与教育、培训相结合	对检查过程中发现的问题，不仅要求员工及时纠正，还要帮助员工分析原因，对员工进行教育、培训，以防类似问题的再次发生
2	检查与奖励相结合	将检查的结果作为员工工作表现的考核依据，并根据有关奖惩和人事政策，对员工进行奖励或处罚
3	检查与测定、考核相结合	通过检查、测定不同岗位的工作量、物料损耗情况，考核员工在不同时间的作业情况，以便更合理地利用人力、物力，达到提高效率、控制成本的目的
4	检查与改进、提高相结合	对检查过程中发现的问题进行分析，找出原因、提出整改措施，从而改进服务标准、提高工作质量

问题06：应对意外情况应有哪些清洁措施

意外情况主要是指：火灾；污雨水井、管道、化粪池严重堵塞；暴风雨；梅雨天；水管爆裂；户外施工、装修等。对意外情况制定清洁工作应急处理措施，可避免其对物业环境卫生造成影响，为业主和用户提供始终如一的清洁服务。清洁工作的应急处理措施，如表3-4所示。

表3-4 清洁工作应急处理措施

序号	意外情况	应急处理措施
1	火灾	（1）救灾结束后，用垃圾车清运火灾遗留残物，打扫地面 （2）清除地面积水，用拖把拖抹 （3）检查户外周围，如有残留杂物一并清运、打扫
2	污雨水井、管道、化粪池堵塞，污水外溢	（1）维修工迅速赶到现场进行疏通，防止污水外溢 （2）清洁员将捞起的污垢、杂物直接装上垃圾车，避免造成二次污染 （3）疏通后，清洁员迅速清洗地面，直到目视无污物
3	暴风雨	（1）清洁班班长勤巡查、督导各岗位清洁员的工作，并加强与其他部门的协调联系 （2）天台、裙楼平台的明暗沟、地漏由班长派专人检查，特别在暴风雨来临前要巡查，如有堵塞及时疏通 （3）检查雨污水井，增加清理次数，确保畅通无阻 （4）各岗位清洁员配合保安员关好各楼层的门窗，防止暴风雨刮进楼内，淋湿墙面、地面及打碎玻璃 （5）仓库内备好雨衣、雨靴、铁钩、竹片、手电筒，做到有备无患 （6）暴风雨后，清洁员及时清扫各责任区内所有地面上的垃圾袋、纸屑、树叶、泥、石子及其他杂物 （7）发生塌陷或大量泥沙溃至路面、绿地时，清洁员要协助管理处的检修工作，及时清运、打扫 （8）清洁员查看各责任区内污、雨排水是否畅通，如发生外溢，及时报告管理处处理
4	梅雨天气	（1）梅雨季节，大理石、瓷砖地面和墙面很容易出现返潮现象，造成地面积水、墙皮剥落、电器感应开关自动导通等

续表

序号	意外情况	应急处理措施
4	梅雨天气	（2）在大堂等人员出入频繁的地方放置指示牌，提醒客人“小心滑倒” （3）班长要加强现场检查指导，合理调配人员，加快工作速度，及时清理地面、墙面水迹 （4）如返潮现象比较严重，应在大堂铺设一条防滑地毯，并用大块的海绵吸干地面、墙面、电梯门上的水 （5）仓库内配备干拖把、海绵、地毯、毛巾和指示牌
5	楼层内发生水管爆裂事件	（1）迅速关闭水管阀门，通知保安和维修人员前来处理 （2）迅速扫走流进电梯厅附近的水，或将电梯开往上一楼层，通知维修人员关掉电梯 （3）在电工关掉电源后，抢救房间、楼层内的物品，如资料、电脑等 （4）用垃圾斗将水盛到水桶内倒掉，再将余水扫进地漏，接通电源后再用吸水器吸干地面 （5）打开门窗，用风扇吹干地面
6	户外施工	（1）供水、供电、煤气管道、通信设施以及小区设施等项目施工，会对环境有较大影响，因此，清洁员需配合做好场地周围的清洁工作 （2）及时清理住户搬家时遗弃的杂物，并清扫场地
7	新入住装修	各责任区清洁员加强保洁，对装修垃圾清运后的场地及时清扫，必要时协助住户或管理处将装修垃圾装车清运
注意事项		（1）清理火灾场地时，应在消防部门同意后进行 （2）台风时，不要冒险作业，以防发生意外 （3）梅雨天气作业宜穿胶鞋，穿塑料硬底鞋易滑倒 （4）暴风、暴雨天气要注意高空坠物 （5）处理水管爆裂事件，要注意防止触电

问题07：如何对新建物业进行开荒保洁

开荒保洁一般指在建筑物正式使用之前对其外墙、外玻璃及内部地面、墙面、玻璃、卫生间、楼梯、电梯、管道、消防设备等进行的清洁。

开荒保洁是清洁工程之首，建筑工程中常常会遗留下许多垃圾、污垢、石头，墙壁上会遗留下水泥浆块、油漆、玻璃胶、水污、锈迹等，这些都必须清洗干净，所以开荒保洁是一项最艰苦、最复杂、最费神的工作。开荒保洁的好坏，直接影响到日后保洁工作的质量和档次，所以对开荒保洁工作有着相当高的要求。

物业服务企业进行开荒清洁，一般有图3-4所示的三种方式。

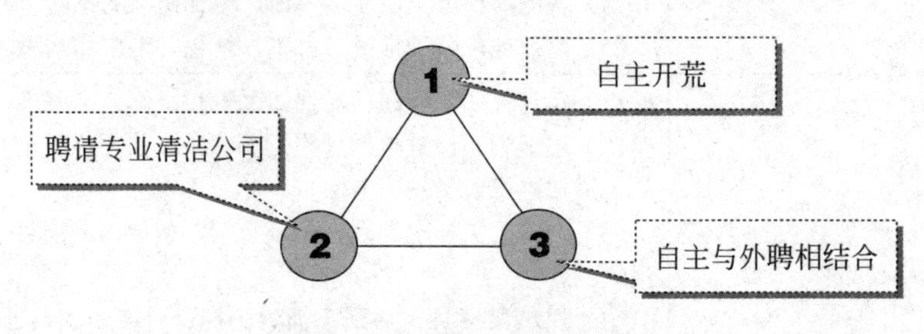

图3-4 开荒清洁的三种方式

1. 自主开荒

由物业服务企业的清洁人员负责开荒，这种方式适用于物业规模不大、开荒时间较充裕的物业。其优点是能增强清洁人员的毅力，提高清洁人员的专业本领，为今后的清洁保养奠定基础。

2. 聘请专业清洁公司

这种方式主要适用于以下情况：

（1）开荒清洁工作量大、时间紧、需要投入大量的人力资源。特别是一些清洁风险较高的项目，如高空外墙清洁。

（2）专业性强的项目，如不同质地表面污迹的清洁要用不同性质的“药水”。

（3）对清洁工具要求较高的项目，如大堂、中厅天花板的清洁需要用升降机。

3. 自主与外聘相结合

物业服务企业立足于自主开荒，但对一些专业性很强或风险程度很高的项目，需委托专业的清洁公司去做。其他室内的清洁，如洗地、擦窗、抹灰等一般性的工作，则由物业服务企业自己做。

如果要赶进度，也可将一部分一般性的清洁工作交给专业清洁公司做。比如，30层的写字楼，1～15层由专业清洁公司做，16～30层由物业服务企业自己做。

问题08：如何做好清洁外包工作

现在大多数大型物业服务企业都会将保洁工作外包给专业的保洁公司，这样既节省了大量的管理成本，又可以提高服务水平。但是物业保洁外包之后，物业服务企业并不是一劳永逸的，要从图3-5所示的四个方面做好清洁外包管理工作。

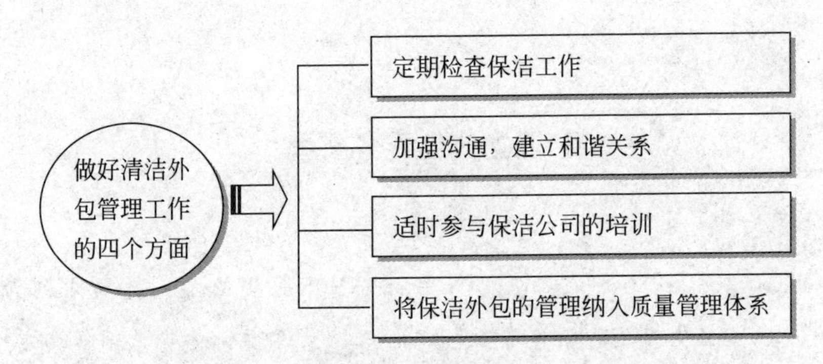

图3-5　做好清洁外包管理工作的四个方面

1.定期检查保洁工作

物业保洁外包后，物业服务企业的日常监督检查必不可少。定期的检查能起到提高保洁质量的作用。对于检查出的问题，保洁公司应进行分析，找出问题的症结，并进行整改。

2.加强沟通，建立和谐关系

保洁外包后，物业服务企业与保洁公司形成了合作关系，双方是两个平等的主体。物业服务企业和保洁公司要相互尊重，才能更好地合作。对于合作中产生的问题，双方要进行协调与沟通，共同努力把物业的保洁工作做好。

3.适时参与保洁公司的培训

保洁公司会定期组织业务技能的培训，物业服务企业可适时参与，在培训中能掌握保洁工作的基本常识，有利于今后的监管工作；参与培训还能将企业文化灌输到保洁员之中，使保洁员对物业服务企业有所认知，从而提高保洁员的工作热情。

4.将保洁外包的管理纳入质量管理体系

物业服务企业应对外包保洁进行过程管理，规范保洁工作流程，实施程序管理，从源头上保证外包保洁的质量。

案例赏析

卫生外包要多监管

【案例背景】

某日上午10:30左右，刚刚入住10栋308房的业主，打电话到管理处反映楼道卫生很差。服务中心接完电话后立即安排楼管员到现场查看，发现走廊上确实存在一些纸屑、花生壳等垃圾。楼管员马上找到外包清洁公司的现场负责人，要求其将现场清理干净，并询问了原因，外包清洁公司负责人解释，这一楼道还没来得及打扫。事情处理完毕，楼管员打电话到业主家进行回访，向其解释了原因，并表示管理处以后会加强环境清洁的管理，类似的事情不会再发生，业主表示谅解。

【案例点评】

许多物业服务企业将清洁工作外包给专业的清洁公司后，却疏于监管，从而引来投诉。对于清洁外包，物业服务企业应要求清洁工作严格按照“清洁服务合同”的清洁频率和标准执行，如有不符，应按照合同约定进行处罚。物业服务企业对外包工作要多加巡查、监控，具体可由巡逻人员负责，一旦发现清洁方面有问题，应及时反馈到物业服务中心，服务中心接到信息后应立即进行协调处理。

第二节　绿化服务

问题01：如何做好园景材料的选材监督工作

很多物业小区的园景小品，使用两三年就会出现裂痕和变形，有的甚至无法使用。出现这些问题，多是材料选择不当。户外园景小品长期日晒雨淋，风化严重，普通的材料和简单的表层涂料、防水漆，根本无法抵御外力的侵蚀。要想延长园景小品的使用年限，确保园景小品的观赏效果，物业服务企业就要做好选材的监督工作，应注意图3-6所示的三个方面。

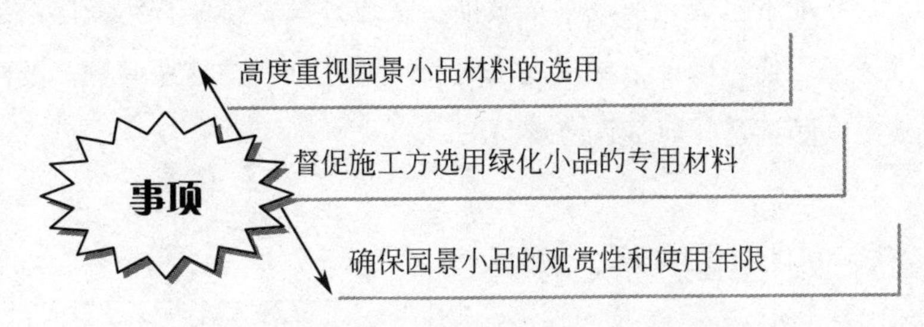

图3-6　做好选材监督工作应注意的事项

对园景小品材质的选择要予以重视，应挑选专门经过处理的防真菌、防虫蚁户外专用木材，以彻底解决木材在户外应用时易产生的开裂、变形、褪色、腐烂、蚁侵等问题。

比如，罗女士住在某一高档小区，某年6月15日下午，罗女士7岁的女儿在小区内的石桌旁玩耍。当她爬上石桌时，桌面突然脱落，将小孩的右手夹在石桌面和石凳之间，造成食指、中指关节骨折。事后查明，小区内的4套石桌，桌面重达90公斤，石桌面和石桌柱之间仅靠桌面中心一个直径13厘米、深1厘米的凹槽连接，安装时只用了树脂和水泥黏合。对此，物业服务企业应当承担相应的赔偿责任。

问题02：如何考虑种植植物的后期管理

在绿化施工中，乔木、灌木的种植工作非常重要。植物的搭配以及苗木的质量，都是判别绿化环境好坏的标准。同时，在绿化施工中可能会遇到许多不利的条件。这时就需要探究原因，并尽量避免问题的出现，使今后的管理更加顺畅。在乔木、灌木的种植上应注意以下两个方面：

（1）在乔木、灌木的种植中，应尽量避开沟渠及地下井等。根系发达的乔木、灌木，延展性强。若栽植在沟渠、地下井及硬质路面处，地理位置会限制种植穴的大小，使乔木、灌木的生长受阻。

（2）由于乔木、灌木的根系不断延伸，有的穿破沟渠、地下井，顶破路面，甚至长满地下水道，造成沟渠破损、管道开裂、排水排污受阻，给后期管理带来诸多不便。因此，绿化施工之前，要充分考虑这些问题，要求施工方在种植中应尽量避开地下管网及沟渠。

问题03：如何维护乔、灌木

1. 乔、灌木的整形、修剪

乔、灌木整形、修剪的目的是通过修剪促进树木生长，减少伤害，培养树形，使其造型美观、形态逼真。修剪方式有自然式修剪、人工式修剪以及自然和人工混合式修剪三种。

整形、修剪的程序如图3-7所示。

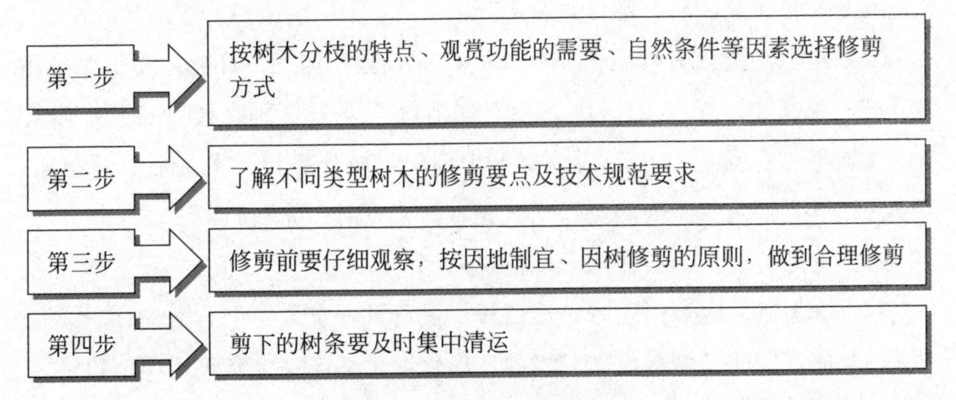

图3-7　整形、修剪的程序

需注意的是，绿篱应在1～3季度的生长期修剪；乔木应在休眠期或秋季修剪。绿篱每年至少修剪四次，造型六次；乔木每年修剪一至两次。九里香、福建茶等绿篱灌木新长枝不超过15厘米，杜鹃花造型新长枝不超过30厘米。

2.乔、灌木的浇水

乔、灌木浇水的目的是防止土壤干燥，促进植物生长。浇水的具体方法是：

（1）大面积浇水可采用胶管引水，单株淋水可用担水的方法。

（2）浇水时间夏季在早晚为宜，冬季在中午为宜，冬季早上、夏季中午不浇水；夏季应增加浇水次数和浇水量，冬季应减少浇水次数和浇水量。

（3）新栽植物根浅，抗旱能力差，蒸发量大，所以应保证一次浇透。

（4）浇水量要根据花木品种来决定，旱生植物需要水分少，深根植物抗旱强，可少浇水；荫生植物需要水分多，浅根植物不耐旱，要多浇水。

3.乔、灌木的施肥

乔、灌木施肥的目的是促进植物生长，增加观赏价值。施肥的具体方法如下：

（1）根据绿化生长情况以及所需要的肥料，选定有机肥（垃圾肥、饼肥等）或无机肥（氮、磷、钾、复合肥等）。

（2）施肥方法。有机肥多用作基肥，即穴施、沟施、环施；无机肥多用作追肥，即微施、喷施和根施。在下列情况下要多施肥：枝叶黄瘦、发芽前、孕蕾期、花落后；在下列情况下少施肥：枝叶肥壮、发芽后、开花期、雨季；在下列情况下不要施肥：新栽花木、盛夏时、休眠时。

（3）施肥时间。一般在阴天或傍晚为宜。

（4）施追肥后应及时淋水，第二天早晨再淋一次。

（5）施基肥时，肥料应充分发酵、腐化，化肥应完全粉碎成粒、粉状。

问题04：如何进行绿化补缺

绿化补缺的目的是，确保植物生长成形，成活率达95%以上；裸露面积控制在总面积的0.5%以下；缺株在0.5%以下。具体补缺方法为：

（1）确定补种的植物品名及地点。

（2）对补种地翻土或挖穴，加施基肥。

（3）挖苗或购苗，剪去包装物以及部分枝叶。

（4）补栽复土时应将土打细，新土高出地面3～5厘米。

（5）栽天鹅绒草时，土高出接口处1～2厘米，栽后浇水，然后用铲拍打草皮，使新种草根部入泥。

（6）对新种乔木要进行支撑保护，浇水时一次浇透，每天早晚各浇一次。

问题05：如何维护草坪

1.草坪的修剪

（1）清除草地上的石块、枯枝等杂物。

（2）选择走向，与上一次走向要有30°以上的交叉，不可重复修剪，以免草坪长势偏向一侧。

（3）速度不急不缓，路线直，每次往返修剪的截割面应保证有10厘米左右的重叠。

（4）遇障碍物应绕行，四周不规则草边应沿曲线剪齐，转弯时应调小油门。

（5）若草过长，应分次剪短，不允许超负荷运作。

（6）边角、路基边草坪以及树下的草坪用割灌机修剪，花丛、细小灌木周边修剪不允许用割灌机（以免误伤花木），这些地方应手工修剪。

（7）修剪完后，将草屑清扫干净，清理现场，清洗机械。

2. 草坪的淋水

（1）特级、一级、二级草坪在夏秋生长季每天淋水一次，秋冬季根据天气情况每周淋水2～3次。

（2）三级草坪视天气情况淋水，以不出现缺水枯萎为原则。

（3）四级草坪基本上靠雨水。

3. 草坪的除草

给草坪除草有两种方式，如表3-5所示。

表3-5　草坪除草的方式

序号	除草方式	具体说明
1	除草剂除草	（1）已蔓延的恶性杂草用选择性除草剂防除 （2）应在园艺师的指导下进行，由园艺师或技术员配药，并征得绿化保养主管同意，正确选用除草剂 （3）喷除草剂时喷枪要压低，严防药雾飘到其他植物上 （4）喷完除草剂的喷枪、桶、机等要彻底清洗，并用清水抽洗喷药机几分钟，洗出的水不可倒在有植物的地方 （5）靠近花、灌木、小苗的地方禁用除草剂，任何草地均禁用灭生性除草剂 （6）用完除草剂要做好记录

续表

序号	除草方式	具体说明
2	人工除草	（1）一般少量杂草或无法用除草剂的草坪杂草采用人工拔除 （2）人工除草按区、片、块划分，定人、定量、定时地完成 （3）应采用蹲姿作业，不允许坐地或弯腰寻杂草 （4）应用辅助工具将草连同草根一起拔除，不可只将杂草的上部分去除 （5）拔出的杂草应及时放于垃圾桶内，不可随处乱放 （6）除草应按块、片、区依次完成

问题06：风暴来临时如何做好植物的保护工作

风暴来临前后要做好植物的保护工作，具体措施如下：

1.风暴来临前的预防工作

（1）检查、疏通排水沟及排水管道，防止因排水不畅使园林植物被暴雨冲刷。

（2）新栽乔木要加固支撑3～6个月，对高度超过10米的应支撑一年以上。在风暴来临前加固支撑，对其他高大乔木也要加固。

（3）应经常检查花木基地的荫棚及遮阳网骨架是否牢固，不牢固的骨架要重新绑扎及搭建；应经常巡查大植物枝叶，及时将枯黄或有可能掉下的枝叶清除。

（4）在4～6级的风暴来临前，应将架上的盆景用铁丝固定；风力高于7级的，应将架上的盆景全部搬到地上。

（5）对于部分观赏价值高、又易被风吹倒的室外盆栽或盆景，应在风暴来临前搬入室内或荫棚内保存。

2.风暴来临时的工作

当风暴来临时，当班员工应至少每半小时巡查一次花木。发现被吹断、吹倒的，应及时处理；自己无法处理的应及时向主管汇报，由主管组织人力进行抢救。

3.风暴过后的工作

风暴过后，倒伏的植物要在一天内扶起栽上，并安装护树架，吹折的树枝要在两天内全部修剪掉并清除出园区。

问题07：如何预防山体滑坡

有些住宅小区地势起伏较大，很可能会因雨水长期冲刷而使沙土流失，边坡失稳，出现山体滑坡现象。为预防山体滑坡，应采取图3-8所示的措施。

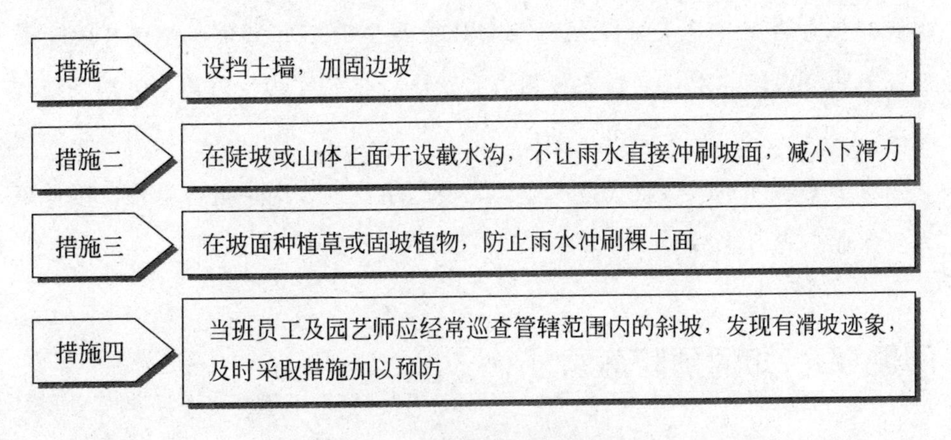

图3-8　预防山体滑坡的措施

当滑坡发生时，应注意：

（1）及时汇报，由公司组织员工对滑坡地段及塌方地段进行抢修。

（2）应立即在滑坡地段及塌方地段开挖截水沟，避免滑坡继续发展。

（3）清除泥土，防止弄脏环境。

（4）塌方或凹陷的绿化地段应回填土方压实，再铺设草坪或栽种相关植物。

（5）在不能确定安全前，不要站到滑坡的滑动体上或附近，以防发生意外。

问题08：如何及时维护绿地及设施

绿地维护应做到绿地完善；花、草、树木不受破坏；绿地不被侵占，绿地版图完整；无乱摆乱卖、乱停乱放现象。

绿地各种设施如有损坏，要及时修补或更换，以保证设施的完整美观。要保护好绿地围栏等绿化设施。保护好绿化供水设施，防止绿化用水被盗用。对护树的竹竿、绑带要及时加固，使其达到护树目的。随着树木生长，要及时松掉绑在树干上的带子，以防嵌入树体，同时要注意不能用铁丝直接绑在树干上，中间要垫上胶皮。

比如，某校园家属物业小区的绿地，近年来不断被一些业主种植上香椿和葡萄，绿地变成了杂树林，这些占地的业主得到了实惠，每年都有所收获，但却占用了广大业主的绿化用地，业主们颇有微词。于是，物业管理处贴出公告，要求业主在五日内自行清除种植的香椿、葡萄，逾期将强行解决。

对于上述行为，物业服务企业一定要利用业主公约来进行管理，以保障大多数业主的利益。

问题09：如何预防冻害

当原产热带或亚热带地区的园林植物突然遭受低温影响时，将会发生冻害，严重时植株将被冻死。为防止冻害发生，通常情况下应采取图3-9所示的措施。

冻害发生后，应观察受冻植物有无复活的可能，并注意：

（1）冻害严重、没有可能恢复的植物，应立即更换，以免影响小区景观。

（2）虽受冻害，但不影响生命的，应剪去冻死枝条、茎叶，加强养护管理，促使其恢复生机。

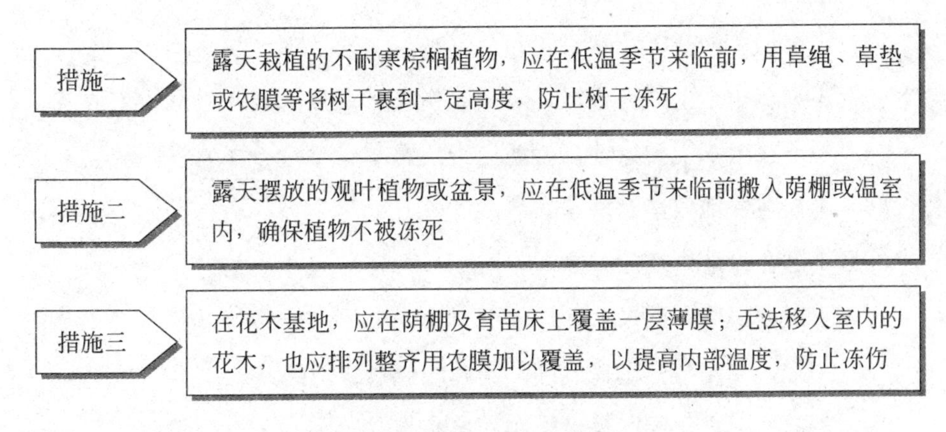

图3-9　预防冻害的措施

（3）受冻程度严重，但仍有可能恢复生机的植物，应将其先移栽于花木基地内重点养护，待生长正常后再加以利用。

问题10：如何加强绿化宣传，培养绿化意识

居住区绿化工作的好坏，不仅仅是绿化部门的职责，同时也是每一位业主和使用人的职责。因此，应努力在住户中树立起环境意识、绿化意识，具体措施如图3-10所示。

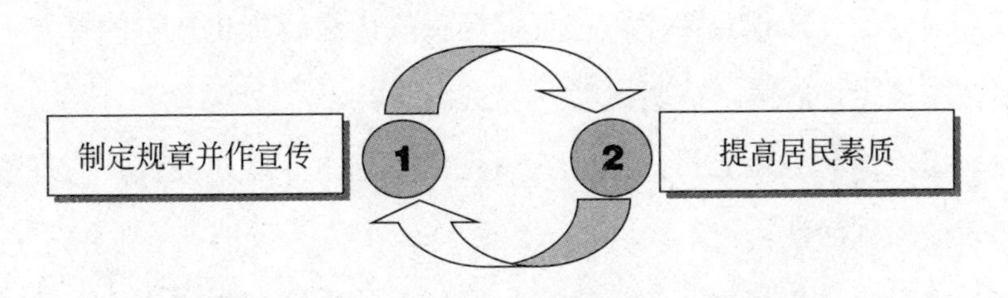

图3-10　加强绿化宣传、培养绿化意识的具体措施

1. 制定规章并作宣传

物业服务企业可通过制定以下规定并积极宣传来达到预期效果：

（1）爱护绿化，人人有责。

（2）不准损坏和攀折花木。

（3）不准在树木上敲钉拉绳，晾晒衣物。

（4）不准在树木上及绿地内设置广告招牌。

（5）不准在绿地内违章搭建。

（6）不准在绿地内堆放物品。

（7）不准往绿地内倒污水或垃圾。

（8）不准行人和各种车辆践踏、跨越和通过绿地路。

（9）不准损坏绿化的围栏设施和建筑小品。

（10）凡人为造成绿化及设施损坏的，应根据政府的有关规定和公共契约的有关条文进行赔偿和罚款处理。如属儿童所为，应由家长负责支付罚款。

2.提高居民素质

在物业绿化工作中，创建社区环境文化，加强绿化保护宣传是很重要的。其中的重点就是要提高居民的素质，使居民形成爱护绿化的良好习惯。为了创建良好的社区环境文化，物业服务企业可采取以下措施：

（1）完善绿化保护系统，在人为破坏较多的地方增加绿化保护宣传牌。

（2）加强绿化知识宣传，可在每期墙报栏内进行绿化知识的宣传，也可将主要苗木挂上讲解牌，注明树名、学名、科属、习性等。

（3）组织绿化专业人员，为业主举行插花艺术、盆景养护、花卉栽培等绿化知识的培训活动。

（4）举行小区内植物认养活动，将小区内的主要植物交由业主认养，以加强业主对植物的认同感。

（5）由管理处出面，在小区内举办绿化知识竞赛或诸如美化阳台的比赛活动。

（6）在植树节或国际环保日，举办植树活动或绿化知识咨询活动等。

案例赏析

因人员逗留损毁绿地

【案例背景】

××花园前原来有一片敞开式绿地，绿地上亭栅多姿，曲径通幽，池水泛光，花木含情。春、夏、秋的傍晚时分，众多住户都喜欢在这里驻足小憩。然而，其中也有一些不太自觉的人，随意在草地上穿行、坐卧、嬉戏，导致绿地局部草皮倒伏、植被破坏、黄土裸露，不得不反复种植，管理处想了很多办法，都未奏效。

后来，管理处拓宽思路，采取了教、管、疏相结合的办法：

教，即加大宣传力度。首先将警示牌由通道旁移到人们时常穿越、逗留的绿地中，同时将警示语由“铁面”的“请勿践踏草地、违者罚款”更改为“请高抬贵脚，听，小草在哭泣！”“人类有了绿树、鲜花和小草，生活才会更美丽”“我是一朵花，请爱我，别采我”“小草正睡觉，勿入草坪来打扰”，让人举目可及，怦然心动。

管，即配足保安人员，实行全员治理。针对午后至零时人们出入较多的特点，中班保安指定一人重点负责绿地的巡逻，同时规定管理处其他员工若发现有人践踏绿地，都要主动上前劝阻（办事有分工，管事不分家），把绿地治理摆上重要“版面”，不留真空。

疏，即营造客观情境，疏通游人流向。在只有翻越亭台才能避开绿地通行的地段，增铺平顺的人行通道，同时把绿地喷灌时间由早晨改为傍晚，使人们尽享天然，而又无法作出坐卧、嬉戏等煞风景之举。

经过一段时间之后，××花园的绿地中依然游人如织，但破坏绿地的现象变少了。

【案例点评】

克服人们的陋习，不做宣传教育工作是不行的，但光靠宣传教育也是难以奏效的。既要讲道理，又要有强有力的措施，情理并用，管理处的工作便会水到渠成。

第三节　虫害防治与消杀管理

问题01：物业常见的虫害有哪些

物业常见的虫害有以下几类。

（1）昆虫类：蛾幼虫、臭虫、虱子、跳蚤、苍蝇、蟑螂、甲虫、鱼虫、螨虫、蜘蛛、蚂蚁、蚊子等。

（2）啮齿类：主要是老鼠。

问题02：如何做好蚊、蝇、蟑螂消杀工作

做好蚊、蝇、蟑螂消杀工作的要领，如表3-6所示。

表3-6　做好蚊、蝇、蟑螂消杀工作的要领

序号	要领	说明
1	时间安排	每年1～4月、11～12月的中旬，每天应进行一次虫害消杀工作，其他月份具体参照各标准作业规程的要求进行消杀
2	消杀区域	（1）各楼宇的梯口、梯间及楼宇周围 （2）别墅、楼宇的四周 （3）会所及配套的娱乐场所，各部门办公室 （4）公厕、沙井、化粪池、垃圾箱、垃圾周转箱等室外公共区域或公用物件 （5）员工宿舍和食堂

续表

序号	要领	说明
3	消杀药物	消杀药物要选用经国家相关部门批准使用的类型
4	消杀方式	以喷药触杀为主
5	喷杀操作要点	（1）穿戴好防护衣帽 （2）将喷杀药物按要求进行稀释，注入喷雾器里 （3）对上述区域进行喷杀
6	注意事项	（1）在楼内喷杀时，注意不要将药液喷在楼梯扶手或住户的门面上 （2）在员工宿舍喷杀时，注意不要将药液喷在餐具及生活用品上 （3）在食堂喷杀时，注意不要将药液喷在食品和器具上 （4）不要在出入高峰期喷药 （5）办公室、会所娱乐配套设施的虫害消杀工作应在下班或营业结束后进行，并注意关闭门窗，将药液喷在墙角、桌下或壁面上，禁止喷在桌面、食品和器具上

问题03：如何做好灭鼠工作

做好灭鼠消杀工作的要领，如表3-7所示。

表3-7　做好灭鼠消杀工作的要领

序号	要领	说明
1	时间安排	灭鼠工作每月应进行两次
2	灭鼠区域	（1）别墅、楼宇四周 （2）员工宿舍内 （3）食堂和会所的娱乐配套设施 （4）小区中常有老鼠出没的区域
3	灭鼠方法	采取投放饵料和粘鼠胶的方法
4	饵料的制作	（1）将米或碾碎的油炸花生米等放入专用容器内 （2）将鼠药按剂量均匀撒在饵料上 （3）制作饵料时，作业人员必须戴上口罩、手套，禁止裸手作业

续表

序号	要领	说明
5	饵料投放的实施步骤	（1）先放一张写有“灭鼠专用”的纸片 （2）将鼠药成堆状放在纸片上 （3）尽量放在隐蔽处或角落、小孩拿不到的地方 （4）禁止成片或随意撒放 （5）投放鼠药必须在保证安全的前提下进行，必要时挂上明显的标志 （6）一周后，撤回饵料，在此期间注意捡拾死鼠，并将数量记录在消杀服务记录表中 （7）消杀作业完毕，应将器具、药具统一清洗保管

问题04：如何确保消杀工作安全

在消杀服务工作的实施过程中，首先要考虑安全。在灭虫服务方案中，要紧紧把握以下几个方面：

（1）确保所选用的药剂和器械可以达到最大的杀灭效果；同时对人类和其他动植物及环境的危害是最低的。

（2）对参与实施消杀服务的员工必须进行消杀理论和实际操作的培训和考核，让其了解国家、地方、公司对消杀的有关规定，了解消杀药剂和器械的性能，并且会熟练操作消杀器械以及正确使用消杀药剂。

（3）在实施消杀服务前，操作员工应检查消杀剂、消杀器械与消杀方案是否一致；消杀药剂的出厂日期、保质期是否与消杀方案的要求一致；消杀器械是否完好、能否正常使用等。

（4）消杀药剂的运输应有安全措施，保证不散落、不溅出、不丢失、不污染环境。如出现紧急情况，要有处置办法和急救措施。

（5）操作员必须安全着装，防护装备包括硬边帽、眼镜、护目罩或全面部的防护罩，以及抗化学药品的安全鞋、手套及胶袋。

（6）对已实施的消杀服务，应做好详细的记录。记录内容包括消杀药剂，消杀器械，施药方式、时间、地点，被灭害虫的种类、数量，安全运输的方式，操作员的安全着装及服务登记。这些详细记录的妥善保存，可以使今后的害虫综合防治有据可查。

（7）对化学药品剩余物（包装器皿、包装袋箱、废旧器械、破旧安全服装）的丢弃，要在彻底清洗后进行；同时要在指定的地点进行销毁，并做好销毁记录。

问题05：如何对蚊类进行综合防治

对蚊类进行综合防治，可从表3-8所列的几个方面开展。

表3-8　对蚊类进行综合防治的措施

序号	措施	说明
1	调查区域内积水的类型和分布情况	调查了解管理区域积水的类型和分布情况，并定点、定人、定指标对蚊子孳生地进行系统管理。定期（7～10天）检查，发现积水孳生蚊虫的，要及时清除，一时不能清除的，投药控制。同时针对蚊虫的生态习性，采取以治本为主的综合性防治措施
2	改造环境	对蚊虫防治而言，改造环境主要指直接清除蚊虫孳生场所，改变环境，使其不再孳生蚊虫
3	化学防治	使用杀虫剂仍然是防治蚊虫最常用的手段，应用的方法因防治对象而不同： （1）灭幼蚊：这是关键的一环，也是有效的一环，必须控制好。主要采用生物剂防治，在大、中型蚊虫孳生场所定期用肩负式喷雾器把球形芽孢杆菌喷洒在孳生蚊虫的积水处，每立方水体施药3～5毫升，每15天施药一次，对控制蚊幼虫孳生效果良好。同时不会对环境造成污染 （2）灭成蚊：在发生流行病或特殊情况下紧急处理成蚊，用雾化程度好的机动喷雾器，在傍晚蚊类群舞或四处活动时，对着空间的蚊子喷雾。一般情况采用滞留毒杀的方法，用肩负式手压喷雾器喷洒杀虫剂（菊酯类杀虫剂）
4	物理防治	在水面投放废弃机油或把容器口密封也是一种控制蚊虫生长繁殖的有效方法

问题06：如何对蝇类进行综合防治

对蝇类进行综合防治的措施，如表3-9所示。

表3-9　对蝇类进行综合防治的措施

序号	措施	说明
1	防治原则	（1）以家蝇、大头金蝇、铜绿蝇为防治对象 （2）从蝇类习性与环境的关系出发，采取消除蝇类孳生环境为主，治本与治标相结合，因时因地制宜，科学除害的综合防治方法 （3）主要针对孳生地（物）、幼虫（蛆）、成蝇三个环节进行防治 （4）调查小区主要优势蝇种的生态特点及孳子场所，有针对性地进行防治
2	孳生地（物）治理	通过对蝇类孳生环境的整治，包括卫生基础设施建设及加强卫生管理，达到防止蝇类孳生的要求。孳生物应及时清运，集中处理
3	灭蛆	（1）物理灭蛆：小型孳生地的蛆，可用热水烫杀 （2）化学杀虫剂灭蛆：用3%呋喃丹颗粒剂、5.5%诺毕速灭松乳油等杀虫剂进行消杀
4	杀灭成蝇	（1）诱蝇笼：用天幕式诱蝇笼进行诱杀。在笼底碟内放置鱼肠、鱼鳃、鸡肠等腐败食物做诱饵，放置户外诱捕成蝇，所捕成蝇用开水或药物喷杀，注意饵料应经常更换 （2）蝇拍：广泛发动群众，养成见蝇就打的习惯。这是对付分散成蝇最有效的工具 （3）化学杀虫剂灭成蝇：可用25%溴氰菊酯可湿性粉剂、5%奋斗呐可湿性粉剂等杀虫剂进行消杀

问题07：如何对蟑螂进行综合防治

从蟑螂的生态习性与整体环境出发，本着“预防为主，综合防治”的方针，根据蟑螂的侵扰程度，合理地选用环境、化学、物理和生物等多种防治方法，具体如表3-10所示。

表3-10　对蟑螂进行综合防治的措施

序号	措施	说明
1	改变环境，控制孳生条件	（1）大力开展除“四害”统一行动，动员家家户户、人人动手除“四害”，大搞室内环境卫生，确保各管理处除“四害”的密度，达到考核标准 （2）改造蟑螂栖身场所，将一切可供蟑螂躲藏的裂缝、孔洞，用水泥或油漆等材料堵塞填平，使蟑螂无处栖身 （3）断掉食源、水源，随时清除垃圾污物
2	物理灭杀	（1）热杀：用开水、蒸气直接浇灌蟑螂栖息的缝隙、孔洞等，烫杀蟑螂 （2）粘捕：将涂有胶黏剂的粘捕盒中放入诱饵，放置在蟑螂经常出入的地方
3	化学药物灭杀	灭蟑螂工作最有效、最方便的方法是化学毒杀，如毒饵诱杀、药笔封涂和滞留喷洒毒杀等。不同的环境采用不同的方法，把药物投施到蟑螂经常活动和躲藏的地方

问题08：如何对鼠类进行综合防治

对鼠类进行综合防治的措施有：

（1）物业小区要做到卫生整洁、无杂物堆放，切实改变鼠类栖息和繁殖条件。

（2）摸清底细，了解有哪些鼠种，哪一种占优势；广泛调查、了解鼠类活动、为害的场所。

（3）掌握毒饵投放重点，即鼠洞、杂物堆、垃圾堆、沟渠边杂草丛等鼠类经常活动的场所。

（4）以消杀队员为骨干，采取专业队伍与群众相结合，分片定人、定任务、定指标的方式进行鼠药全面投放，提高药物投放的到位率，提高灭鼠效果。

灭鼠药物通常分成急性和慢性两大类。急性药物是指鼠类服用后24小时死亡的一类药物。慢性杀鼠剂是指老鼠食用后，要经过数天后才能死亡的灭鼠药。一般情况下要选用慢性杀鼠剂，因为其对人、畜安全，不会发生二次中毒。

案例赏析

物业消杀工作不透明引商户不满

【案例背景】

某商场物业公司按照物业管理服务合同的约定，对餐饮、娱乐场所进行了消杀，特别是重点部位，更是进行了严格的清洁与消杀。全体消杀人员利用经营工作人员、业主、商户及顾客不在的时间，加班加点付出了辛勤的努力。但一周后物业公司却收到商场个别楼层业主代表的书面投诉，称管理处在出现四害的季节工作不周，没有进行消杀，没有保证业主和商户的环境卫生安全。

物业公司接到投诉信后非常重视，立即通知商场管理处经理解决此事。商场管理处召开了紧急会议，找出问题的根源：为避免给经营工作人员、业主、商户及顾客造成心理恐慌和经营不便，消杀工作在非营业时间的早与晚进行，但未事先通知，导致业主和商户不了解情况。于是管理处一方面立即行动，口头与书面通知业委会及业主代表，充分告知消杀的具体工作内容，另一方面向物业公司反馈事情经过及处理结果。管理处还收集了广大业主和商户的意见及建议，由他们对消杀若干项工作予以监督，工作透明了，业主和商户放心了。

【案例点评】

物业服务工作不能忽略服务对象的需求与感受，要时刻注意做好宣传告知工作，并倾听广大业主的心声，否则辛苦努力却无人知晓。其实业主投诉的最终满意程度，主要取决于物业公司对他仍投诉后的特殊关怀和关心程度。许多对公司怀有感激之情的业主，往往是那些对投诉处理感到满意的业主。明智的物业管理人员会经常感谢那些对物业服务工作提出批评、意见及建议的业主，因为这会促进物业公司提高管理水平和服务质量。

第四节　物业区域污染防治

问题01：物业区域内的污染有哪几类

物业区域内的污染有大气污染、水体污染、固体废弃物污染、噪声污染及“黑色污染”等。

问题02：如何防治物业区域内的大气污染

1.大气污染产生的原因

人类的各项活动中，向大气中排放的各种有毒、有害气体和尘烟等污染物超过了一定界限，便会造成环境污染。其中，污染物主要有二氧化硫、氮氧化物、一氧化碳、二氧化碳和粉尘等。小区内大气污染的主要原因有：

（1）直接以煤炭作为能源燃烧，造成烟尘、二氧化硫、二氧化碳等的污染。

（2）使用燃油型机动车辆，超标排放尾气。

（3）基建工地扬尘以及物业维修和装修造成的粉尘污染。

（4）不当燃烧以及燃放烟花爆竹等。

2.大气污染防治的措施

（1）改变能源结构，大力提倡使用燃气、天然气等清洁燃料，并大力开发太阳能、风能等新型能源。

（2）禁止在物业辖区内焚烧沥青、油毡、橡胶、塑料、皮革、落叶和绿化修剪物等能产生有毒、有害气体的物质。特殊情况下需要焚烧的，须报请当地环保部门批准。

（3）严格控制辖区内工业生产企业向大气排放含有有毒物质的废气和粉

尘。对于确需排放的，必须经过净化处理后达标排放。

（4）加强车辆管理，限制机动车辆驶入辖区，以减少尾气排放量和噪声污染。对于进入辖区的机动车，排放污染物不得超过规定的标准。对超过标准的应采取防止乃至禁行的措施。

（5）在物业维修、装修时，应采取防尘、防噪声措施。

（6）硬化和绿化地面，减少扬尘。

问题03：如何防治物业区域内的水体污染

1.水体污染产生的原因

物业区域水体污染分两种情况：

（1）居民活动产生的大量污染物直接或间接地排入水体，使水和水体底泥的物理、化学性质或生物群落发生变化，从而降低水体的使用价值。其中，直接排入指业主及用户将废弃物或污染物直接倒入水中；间接排入指业主及用户乱倒污水，使空气中的污染物和土壤中的污染物经雨水冲刷进入水体中。

（2）水体（包括人工水体）中的生物群落，在适当条件（如温度、湿度、酸碱度等外界因素）的影响下，以水中物质为营养大量滋生有害微生物，成为危害人体健康的疾病源。

2.水体污染的防治措施

物业区域内的水体污染防治措施，如表3-11所示。

表3-11 物业区域内的水体污染防治措施

序号	防治措施	说明
1	加强污水排放的控制	要严格控制工业和生活污水的任意排放。未达标的工业废水、未经消毒的含病原体的医疗废水、生活污水、禽畜污水、屠宰污水、建筑泥浆等生产活动中产生的污水均属于禁止排放的范围。要加强对水体和污染源的巡回监测，从制度和管理上控制随意排放的现象发生

续表

序号	防治措施	说明
2	加强对已排污水的处理	为了确保水体不被污染，必须对已排的工业和生活污水进行处理，使水质达到排放标准或不同的利用要求
3	加强生活饮用水的二次供水卫生管理	生活饮用水的二次供水，是指通过储水设备和加压、净化设施将城市自来水转供给业主和用户生活饮用。物业服务企业必须按照有关规定，履行以下管理职责： （1）保证所使用的各种净水和除垢、消毒材料均符合《城市生活饮用水卫生标准》的规定 （2）每年至少清洗水箱两次 （3）配合卫生防疫机构定期抽检水样 （4）保持供水及净水设施周围的清洁卫生 （5）对直接从事二次供水设施清洗、消毒的工作人员，必须每年体检一次，取得卫生部门统一发放的健康合格证，方可上岗

问题04：如何防治物业区域内的固体废弃物污染

1.固体废弃物污染来源

固体废弃物按其来源和管理要求，可分为工业型和生活型两大类。生活型固体废弃物即城市垃圾，是业主和用户在生活、商业活动、市政维护、机关办公等过程中产生的废弃物，如炊厨废弃物、废纸、废织物、家用杂物、玻璃陶瓷碎物、废旧电器制品、废旧交通工具、装修垃圾、煤灰渣及粪便等。

2.固定废弃物的治理措施

（1）实行固体废弃物的“三化”，即对固体废弃物实行减量化、资源化、无害化，具体内容如表3-12所示。

（2）集中防治和分散防治相结合。在物业区域中，集中防治主要是物业服务企业的职责，分散防治主要是业主及用户的职责，具体措施如表3-13所示。

表3-12 固体废弃物的“三化”

三化	定义
减量化	指控制固体废弃物产生的量（如数量、种类和体积）。在处理过程中采取压实、破碎、焚烧等办法，不仅可以减少运输和处理费用，还可以减少或减轻污染程度
资源化	指对固体废弃物进行综合利用，使之转化为可利用的二次资源或再生资源。如通过加工制成建筑材料、通过筛选回收用作工业原料、通过焚烧转化为热能、通过发酵处理制成肥料和饲料等
无害化	指对不能或暂时不能进行综合利用的固体废弃物，采取安全的存储、处理、处置措施，减少或减轻对环境和人体健康的危害。如对生活垃圾的土地填埋；对放射性等有害废弃物的水泥固化、沥青固化等

表3-13 集中防治和分散防治相结合

序号	防治措施	具体说明
1	集中防治	集中防治是指在环卫部门的支持配合下，建设区域性的地下式隐蔽垃圾房、生活垃圾压缩收集站、有机垃圾再生处理机等，以提高污染防治的效率和效益
2	分散防治	分散防治要求业主和用户将生活垃圾自觉地按当地城市垃圾分类的要求分类装袋并投放，为集中防治打下基础

（3）严格执行城市生活垃圾污染防治的有关规定。生活垃圾和粪便必须按规定地点、时间和要求排放、倾倒，做到日产日清；垃圾箱（桶）的设置应与垃圾产生量相适应，达到密封、防蝇、防污水外流等要求；大件垃圾应定点、定时投放，有害垃圾和装修垃圾应按规定处理，不得混入生活垃圾之中等。

3. 固体废弃物污染的预防措施

固体废弃物污染的预防措施，如表3-14所示。

表3-14　固体废弃物污染的预防措施

序号	预防措施	说明
1	进行超前教育	物业服务企业在早期介入阶段即应寻找“切入点”。比如，在售房、租房时或入住前，对未来的业主（用户）进行超前教育，使他们明白污染治理管理的目的、要求，以便收到事半功倍的效果
2	配备必要的硬件设施	为了增强保洁工作的有效性，物业服务企业还应配备与之有关的、必要的硬件设施。比如，在每家门前安置一只相对固定的、特制的塑料垃圾桶，住户每日将生活垃圾装袋放入其中，由清洁工定时收集并倒入指定的垃圾回收站
3	制定“业主公约”	在公约中，可以规定：不准乱倒垃圾、杂物；不得在公共场所乱涂、乱画；不得向室外（窗外、阳台外）倾倒污水，抛纸屑、烟头等杂物。并将公约公之于众，便于互相监督、执行
4	生活垃圾分类袋装	生活垃圾分类袋装有利于提高物业区域的文明程度和环境质量。物业服务企业应向业主和用户宣传生活垃圾分类袋装的好处，要求业主和用户将垃圾装入相应的专用垃圾塑料袋内，丢入指定的容器或者指定的生活垃圾收集点，不得随意乱倒。存放各种生活垃圾的塑料袋应完整不破损、袋口扎紧不撒漏
5	依法处罚及典型曝光	对于各种不良行为，除进行宣传教育外，还应当采取必要的硬性措施，依法按规定进行经济或行政处罚。对于极少数屡教不改者，还可以采取典型曝光的方法，在业主委员会、居民委员会的配合下，公开其不文明行为，让大家引以为戒

问题05：如何防治物业区域内的噪声污染

1.噪声污染的卫生标准

噪声污染是指人类活动所排放的环境噪声超过国家规定的标准，以致妨碍人们正常的工作、学习、生活和其他正常活动的现象。我国的《城市区域环境噪声标准》中规定：一般居住区和文教区的昼间噪声标准是50分贝，夜间为40分贝；工业集中区昼间为65分贝，夜间为55分贝；交通干线两侧昼间为70分贝，夜间为55分贝；室内标准相应降低10分贝。一般认为，40分贝为正常的环境声音，是噪声的卫生标准。

2.噪声的来源

物业区域的噪声来源，如表3-15所示。

表3-15 物业区域的噪声来源

序号	噪声来源	说明
1	车辆交通噪声	车辆交通噪声是城市噪声的主要来源。大量的城市车辆交通噪声进入物业区域内，会造成间接污染。当机动车辆驶入辖区时，发出行进、振动和喇叭声，会造成直接污染。载重汽车、公共汽车、摩托车等的行进噪声都可高达90分贝；距离车辆5米测得的电喇叭噪声在90分贝以上，汽喇叭噪声在105分贝以上
2	建筑施工噪声	在物业区域外的建筑工地，会发出机械振动、摩擦、撞击、搅拌、喊声等建筑施工噪声，强度在90～130分贝之间，使物业区域环境受到间接污染。物业区域内本身的维修、装修活动，也会产生各种施工噪声（如使用电锯、电刨等发出的刺耳噪声）
3	社会生活噪声	社会生活噪声是指物业区域内部或建筑物内部的各种生活设施发出的噪声以及物业区域内人群活动所产生的噪声，主要包括商业设施噪声、教育设施噪声和生活噪声三类。比如，户外农贸市场的嘈杂声、喧哗声、广告声；中小学校广播操喇叭声；居室中的儿童哭闹、嬉笑、打闹声；电视机和音响设备的播放声等。社会生活噪声一般在80分贝以下

3.噪声污染的防治措施

噪声污染的防治措施，如表3-16所示。

表3-16 噪声污染的防治措施

序号	防治措施	说明
1	加强绿化	在物业区域内，多植树、多种树。这是防治噪声污染的重要措施
2	加强精神文明建设	要让业主、使用人和一切受益人懂得尊重别人就是尊重自己的道理，尽量减少生活噪声，如娱乐声、爆竹声等。这是防治噪声污染的积极方法

续表

序号	防治措施	说明
3	制定必要的管理办法	要制定必要的管理办法，是防治噪声污染的辅助措施。管理办法的内容通常为： （1）禁止在住宅区、文教区和其他特殊地区设立产生噪声污染的生产经营项目 （2）禁止在街道、公园、商场、学校等公共场所使用引起噪声污染的大功率扬声器和广播宣传车 （3）禁止在规定不得作业的时间（一般指晚6:00～早6:00）内从事施工作业，以免影响业主及用户的休息。但抢修、抢险和必须连续作业的，经市或者区、县环保局批准的除外 （4）禁止机动车、船在禁止鸣喇叭的区域内鸣喇叭。控制机动车辆驶入物业区域，严禁车辆过境。对于允许进入的车辆要限制其车速，可采取曲线型道路迫使其降低车速以减少噪声 （5）从事经营性文化娱乐活动，或者使用音响设备、乐器等开展室内娱乐活动时，应采取有效措施控制音响，不得影响他人的正常生活、工作

问题06：如何防治物业区域内的“黑色污染”

1.什么是“黑色污染”

“黑色污染”是指在建筑物、构筑物、树木及其他设施上乱张贴、乱涂写、乱刻画的行为。这是一种人为的对环境的污染和破坏。

2.“黑色污染”的防治措施

“黑色污染”的防治，首先是宣传教育，其次是按照有关规定加强管理。

通过各种渠道，对所辖区域内的业主及用户进行宣传教育，要求其自觉维护建筑物、构筑物、树木及其他设施的整洁。对于损害环境整洁的行为，业主及用户有权制止和检举。

同时，物业服务企业有权要求“三乱”行为人及时清除污迹并赔偿损失。一时难以发现行为人的，物业管理人员应先代为清除；发现行为人后可按照规定标准，要求行为人支付代为清除费用。物业服务企业可以视“黑色污染”的情节轻重，报请市、区（县）市容管理部门和街道监察队，按规定对行为人进行行政处罚或经济处罚。

案例赏析

多措并举治理“牛皮癣”

【案例背景】

非法小广告因清理难度大被形象比喻为“牛皮癣”。对于物业小区来说，也不可避免地受到“牛皮癣”的侵袭。就连封闭管理的××小区也不例外，因此不断收到业主的投诉。为了杜绝此类情况再发生，××物业管理处下大力气加以整治，力求开辟出一方净土。通过加强护卫巡逻工作，基本上制止了户外乱派招贴的现象。但在楼内乱塞乱贴搬家、装修、送餐、美容之类广告的现象却屡禁不绝。

实行封闭式管理的小区内部，又何以如此呢？物业管理处经过调查，发现楼内广告的派发有三种情况：

（1）是经批准进入小区为住户提供服务的某些人员顺便所为。

（2）是以探访名义进入小区的住户亲友乘隙所为。

（3）是承做特定生意的个别住户刻意所为。

据此，物业管理处采取了一系列新办法：

（1）管为本。在每幢大厦入口处设置一广告橱窗，为向小区住户传播信息的各界人士提供广告登载服务，变堵为疏(先提供正当渠道，再去堵歪门邪道，工作阻力就小了)，进而实现了有序管理。

（2）教为先。发现楼内派发的广告，当即按照广告上的联系方式，打电话或邀其前来，指出其错误做法，敦促其依规行事(抓住其想促成生意的心理，“骗”其上门来接受教育，办法巧妙)。

（3）治为辅。某些单位屡教不改，继续乱派广告，就把其列入“黑名单”，严格限制其在小区内的经营活动，直至其做出保证，真正改正自己的违规行为。

采取这些办法以后，虽说还未能完全制止住宅楼内乱派招贴的现象，但其频度和数量已经大为减少。

【案例点评】

许多难题的成因都相当复杂，多数情况下，需要采取综合措施，才能全面加以解决。

第五节　物业违章搭建管理

问题01：物业小区内违章搭建的行为主体有哪些

违章搭建的行为主体，如表3-17所示。

表3-17　违章搭建的行为主体

序号	行为主体	说明
1	业主或使用人	业主或使用人是最常见的违章搭建主体。如业主或使用人把住宅底层的天井改建为厨房或卧室，在小区公共绿地上建造车库、厨房等
2	物业服务企业	物业服务企业为了弥补管理经费的不足，在住宅小区商业服务网点布局不合理的情况下“拾遗补缺”，或在小区的公共走道、公共绿地上搭建商业用房，用于多种经营
3	有关政府的基层组织和管理部门	住宅小区所在地的政府基层组织和部门，如街道办事处、镇政府、市政管理委员会、居民委员会，在财政收入无法满足需要的情况下，自己开拓财源搞创收。有的沿围墙开店；有的在公共场地搭建临时商业用房，出租或自己搞第三产业

问题02：物业小区内违章搭建有哪些类型

一般来说，常见的违章搭建有下列几种类型：

（1）未经规划部门和土地管理机构（或被授权机关）同意批准；未领取土地使用许可证或临时用地许可证而占用土地；临时占用土地逾期不交还。

（2）擅自改变用地位置或扩大用地范围。如占用公共场所作为私家庭院、扩建停车库或堆物房等。

（3）未经规划部门和建设行政管理部门（或被授权机关）批准、未领取建筑许可证，擅自施工。

（4）擅自改变建筑物规模或使用性质。如在天台上搭建建筑物、在阳台上搭建雨篷等。

（5）不属建筑工程执照范围，未经房屋所有人和出租人同意，而擅自在公有房屋及附属设施内搭建建筑物。如屋内搭阁楼、天井内搭建阳光房等。

（6）擅自占用公共通道、公用道路、庭园绿地。

（7）损坏房屋承重结构和破坏房屋外貌。

（8）擅自在市政、公用设施上建造可能妨碍公共安全和交通的建筑物（构筑物）。

问题03：违章搭建的处理方法有哪些

物业服务企业的服务宗旨是为业主营造一个良好的生活和工作环境。当辖区内出现违章建筑和违章搭建时，物业服务企业应区分性质，在自己的职权范围内进行处理，具体做法是：

（1）向用户进行超前教育，“约法三章”。

（2）争取早发现、早制止；一经发现，立即拆除；凡不听劝阻继续施工的，及时向主管部门反映。

（3）向社区管理的有关部门，如居委会、业主委员会、派出所、街道等，口头或书面汇报，争取支持和协助。

（4）情节严重的，可通过司法机关进行解决。

问题04：处理违章搭建的程序是什么

物业服务企业在处理违章搭建时，要按表3-18所示的程序进行。

表3-18　物业服务企业处理违章搭建的程序

序号	步骤	说明
1	发现违章搭建	发现违章搭建一般有以下几种途径：保安巡察发现、住户举报、有关单位（部门）反映。无论是哪一种途径发现违章搭建，工作人员都要进行详细的记录
2	现场初步核对	发现违章搭建后，应立即到现场进行情况核对。核对的内容为：搭建地点、搭建情况（面积、结构等）、违章搭建的主体等。对正在施工的违章搭建，应责令其立即停工
3	发停工通知书及谈话通知书	在对现场进行初步核对后，应向违章单位发送谈话通知书（如属正在施工的违章搭建，应同时发送停工通知书），进行谈话。谈话内容是查处工作中的一个重要证据，应当认真记录，并由被谈话人签字。如被谈话人拒绝签字，应在谈话记录上注明，并说明拒签的原因
4	调查取证	（1）取证重点是：违章搭建的明确地点、搭建时间、搭建位置、搭建面积、搭建当事人、搭建结构、搭建用途、搭建手续、搭建费用等。其中，搭建时间不能确认的，可以略微放宽；搭建当事人如果不是户主，当事人与户主都应进行详细记录；搭建用途如果是个体经营，应查明有无营业执照；搭建手续是指搭建经何部门同意，同意的理由是什么，手续是否合法等 （2）调查取证时，一般不得少于两人，并应向当事人或有关人员出示执法证件。为了便于执法，应当邀请区域管理机构，如街道办事处（乡、镇人民政府）以及物业管理部门，共同参加
5	发出处罚决定书	在确认违章性质后，依照有关法律法规，对当事人做出行政处罚决定。在正式做出行政处罚决定前，应依照《行政处罚法》的有关规定，告知当事人作出处罚的事实、理由、法律依据以及当事人依法所享有的权利。如当事人不服行政处罚，申请行政复议或者提起行政诉讼的，除法律另有规定外，行政处罚不停止执行。当事人如逾期不执行处罚决定的，15日后可申请法院强制执行

案例赏析

物业公司可否擅自拆除违章搭建物

【案例背景】

某小区业主反映，小区管理处在未经业主同意的前提下，派员进入其尚在装修的房屋内，将业主自行安装的窗框拆除并拿走，安装部位的外墙在拆除的同时也遭到破坏。业主认为：小区管理处虽出具了全面整改通知书，但无权擅自闯入私人住宅强行拆除，这种行为严重侵害了业主的利益，管理处人员缺乏最基本的法律常识。同时业主要求小区管理处对该事件给其造成的损失进行赔偿。

注明：经有关部门认定，业主安装的窗框为违章搭建构筑物；小区物业管理处之前已向业主发出“违约行为整改通知书”，但业主表示拒绝整改。

【案例点评】

作为“物业管理服务合同”中约定的一项义务，物业公司有责任对业主在装修过程中的行为进行监管和必要的限制。但是，物业公司是一个民事主体而非行政管理机关，是不能采取强制措施的，物业公司拆除窗框的做法，也超越了其管理权限，且不利于矛盾的解决。物业公司应把握好尺度，使用较为委婉的方法，设法得到业主的理解与支持。

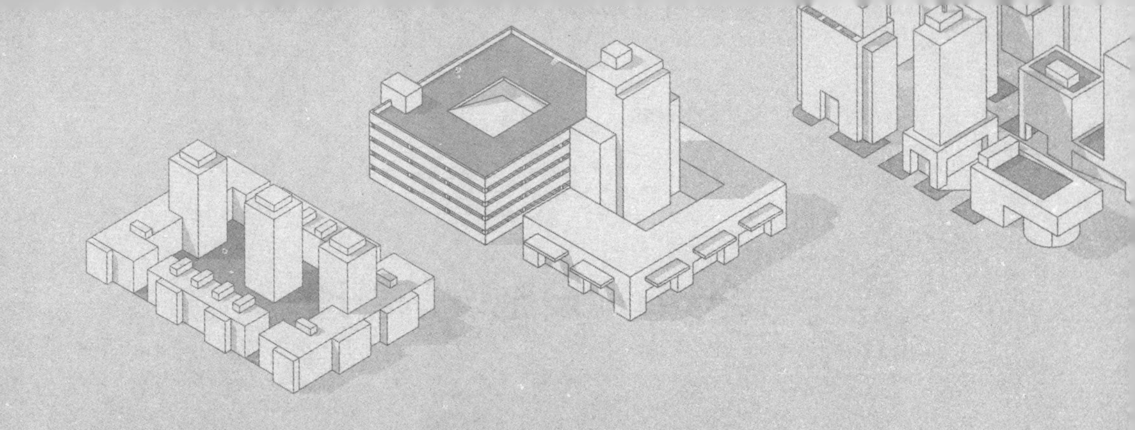

第四章 Chapter four 工程维保服务常见问题解答

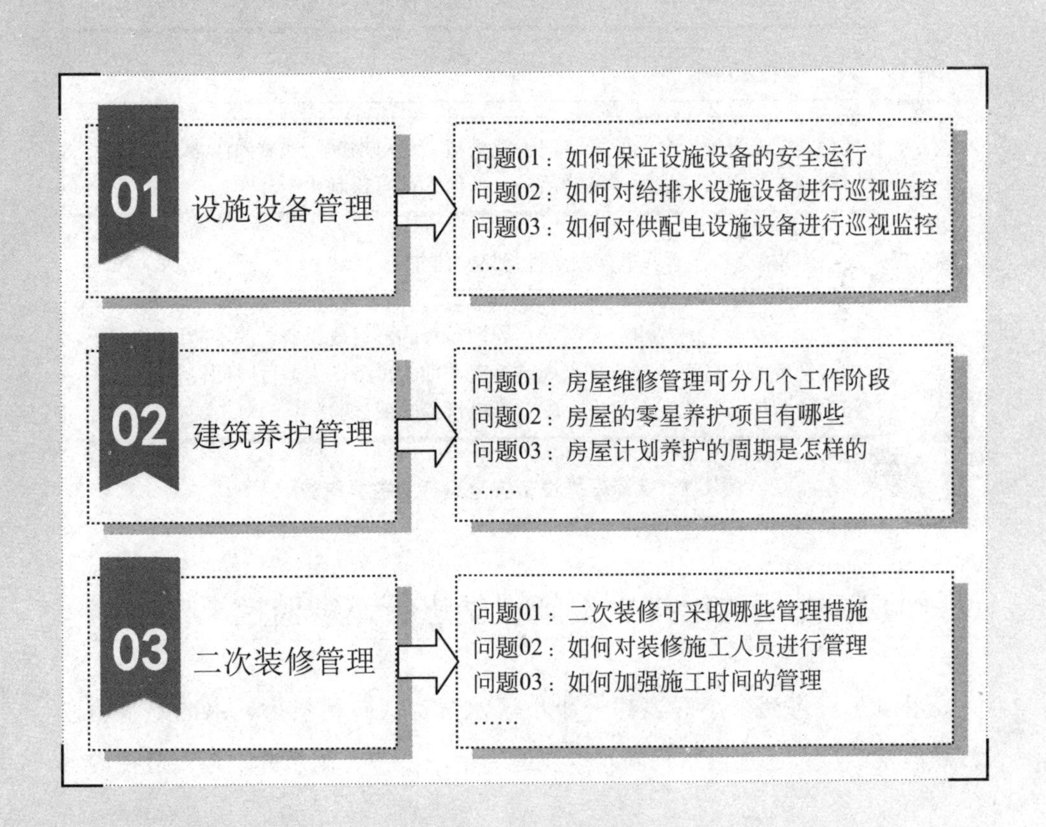

第一节　设施设备管理

问题01：如何保证设施设备的安全运行

物业设施设备是指附属于房屋建筑的各类设备的总称，它是房屋建筑实体不可分割的有机组成部分，是发挥物业功能和实现物业价值的物质基础和必要条件。

保证设施设备安全运行的主要措施，如图4-1所示。

措施一　思想上高度重视，行动上处处小心

对于管理者，要不厌其烦，时时提醒；对于操作者，要处处小心，步步谨慎

措施二　严格按章办事

规章制度是保证安全的长堤，决不能破口。违章指挥、违章操作是发生安全事故的主要因素。发现违章的苗头，任何人都有权制止

措施三　定期检测、试验，进行预防性检修、维护

设备运行有自己的规律，应当纳入周期检查的器材或设备，决不能以任何理由拖延或停止检查。对一些未规定检查周期的设备，当运行时间较长时，为防止疲劳损伤形成安全隐患，应安排进行检验或试验

图4-1　保证设施设备安全运行的主要措施

问题02：如何对给排水设施设备进行巡视监控

水电工应每两个小时巡视一次小区水泵房（包括机房、水池、水箱），每周巡视一次小区主供水管闸阀以及道路上的沙井、雨水井。巡视监控内容

如下：

（1）水泵房有无异常声响或大的振动。

（2）机柜、控制柜有无异常气味。

（3）电机温升是否正常（应不烫手），变频器散热通道是否顺畅。

（4）电压表、电流表指示是否正常，控制柜上信号灯显示是否正确，控制柜内各元器件是否工作正常。

（5）压力表与计算机上显示的压力是否大致相符，是否满足供水压力要求。

（6）水池、水箱水位是否正常。

（7）闸阀、法兰连接处是否漏水，水泵是否漏水成线。

（8）主供水管上闸阀的井盖、井裙是否完好，闸阀是否漏水，标志是否清晰。

（9）止回阀、浮球阀、液位控制器是否可靠。

（10）临时用水情况。

（11）雨水井、沉沙井、排水井、给水井、污水井是否有堵塞现象。

水电工在巡视监控过程中发现给排水设施设备不正常时，应及时采取措施加以解决；处理不了的问题，应及时详细地汇报给运行班长，请求协助解决。

问题03：如何对供配电设施设备进行巡视监控

值班电工应每天巡视两次高压开关柜、变压器、配电柜、电容柜、电表箱等设备，并把每次的巡视时间记在“供配电设施设备运行日记”上。巡视内容为：

（1）变压器油位、油色是否正常，密封处是否漏油，变压器运行是否超温（85℃）。

（2）有无异常响声或气味。

（3）各种仪表指示是否正常，指示灯是否正常。

（4）单相、三相电压是否在额定值±10%的范围内，是否超载运行。

（5）各种接头是否有过热或烧伤痕迹。

（6）防小动物设施是否完好。

（7）接地线有无锈蚀或松动。

（8）各种临时用电接线情况是否正常。

（9）各种标示牌、标示物是否完好。

（10）安全用具是否齐全，是否存放于规定位置。

（11）按时开关管辖区域内的路灯、灯饰或喷水池，及时维修辖区内的路灯。

对于巡视中发现的问题，值班电工应及时采取措施加以解决，处理不了的问题应及时汇报给运行班长解决。维护维修时应严格遵守《供配电设施设备安全操作标准作业规程》和《供配电设施设备维修保养标准作业规程》的相关规定。

问题04：如何对弱电系统进行巡视监控

值班员应密切监视弱电系统的运行情况，并每隔1小时做一次记录。对于巡视中发现的异常情况，值班员应及时采取措施予以解决。处理不了的问题，应及时详细地汇报给运行班长，请求支援解决。

问题05：如何对电梯进行日常巡查与维护

对电梯进行日常巡查与维护的内容包括：

（1）电动机油位不低于油镜中线、不漏油、通风良好。

（2）检查轿厢是否平稳，是否有不正常的声音，警铃、对讲电话、风扇等是否正常。

（3）限速器转动部分加润滑油，转动灵活，无异常声响。

（4）检查接触器、继电器是否正常，无异声，接点无打火积炭、熔焊、烧蚀等现象。

（5）自动门传动机构、安全触板传动机构动作是否正常，开关门动作是否灵活可靠，轿厢门限位开关、减速开关、门锁接点等有无损坏。

（6）检查轿厢和对重导靴油盒中的油量，缺油时应及时加油。

（7）检查各指示灯、按钮有无损坏。

（8）检查各平层感应器是否有移位现象，平层准确度是否在正常范围内。

问题06：如何对扶梯进行日常巡查与维护

对扶梯进行日常巡查、维护的内容，如图4-2所示。

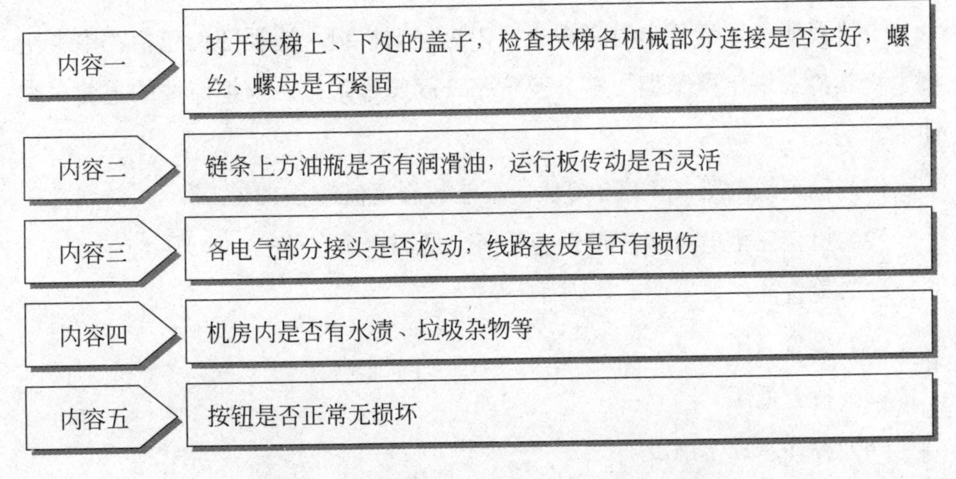

图4-2 对扶梯进行日常巡查、维护的内容

问题07：如何对消防设施设备进行养护

消防设备的运行及养护措施如下所示：

（1）小区内所有消防通道指示牌必须保持良好的状态，停电后仍正常

工作。

（2）小区内所有消防设备应每月测试一次，如发现故障应立即维修并做好记录。

（3）任何消防设备均安装在机房内，应每星期检查一次。

（4）消防报警系统每月测试一次，如有故障应立即维修并做好记录。

（5）消防水泵应保持良好的状态，阀门无人为误开，保证消防水箱的水位处于正常位置。

（6）具备消防保养证明书。

（7）每年应进行一次消防演练。

问题08：如何对中央空调进行巡视监控

当值管理员每隔两小时巡视一次中央空调机组，巡视部位包括：中央空调主机、冷却塔、控制柜（箱）及管路、闸阀等附件。巡视监控的主要内容如下：

（1）检查线电压（正常380伏，不能超额定值的±10%）。

（2）检查三相电流（三相是否平衡，是否超额定值）。

（3）检查油压。

（4）检查高压。

（5）检查低压。

（6）冷却水进水温度。

（7）冷却水出水温度。

（8）冷冻水进水温度。

（9）冷冻水出水温度。

（10）检查中央空调主机运转是否有异常振动或噪声。

（11）检查冷却塔风机运转是否平稳，冷却塔水位是否正常。

（12）检查管道、闸阀是否有渗漏，冷冻保温层是否完好。

（13）检查控制柜（箱）各元器件是否正常，有无异常噪声或气味。

巡视过程中如发现异常，当值管理员应及时采取措施予以解决，处理不了的问题，应及时详细地汇报给运行班长，请求支援解决。

问题09：如何对重点部位设置警示标志

物业服务企业应当加强对物业的养护和维修，定期检查并消除隐患。应对公共区域安全防范的重点部位设置警示标志，在可能引发人身伤亡事故的部位或场所设置统一规范、文明礼貌、用语简明且醒目的警示标志，公示注意事项及禁止行为。同时还应对下列部位强化防范措施：

（1）水景、亲水平台：应标明水深，照明及线路应有防漏电装置。

（2）儿童娱乐设施、健身设备：应由生产企业在醒目位置设置使用说明标牌，注明使用方法、生产企业名称，并提供质保承诺和维修电话。

（3）假山、雕塑：应标明禁止攀爬等行为。

（4）楼宇玻璃大门：应有醒目的防撞条等防护措施及警示标志。

（5）电梯：应设置有安全使用和注意事项的警示标志，维修养护时应设置围护措施。

（6）电表箱、消防箱：应保持箱体、插销、表具和器材完好，并设置警示标志。

（7）水箱、水池：应加盖或加门并上锁。

（8）窨井、污水处理池：应保持盖板完好，维修养护时应设置围护和警示标志。

（9）垃圾堆放：应规定生活和建筑垃圾分类堆放，建筑垃圾实行袋装化。

（10）挖沟排管：应标明施工期，设置围护和警示标志。

（11）脚手架：应确保稳固，警示标志明确，行人出入口有防护，底挡笆牢靠。

案例赏析

施工标志不明显，物业服务企业担责任

【案例背景】

某年3月21日，某物业服务企业因排水管道维修在小区通道上挖了一条深沟，但未按规定设置明显警示和防护措施，当晚7时30分左右，16岁中学生王某骑自行车摔至沟中，造成两门牙脱落，构成9级伤残，王某诉至法院，要求物业服务企业赔偿医疗费等损失40万元。

【案例点评】

《民法典》第一千二百五十八条规定：在公共场所或者道路上挖掘、修缮、安装地下设施等造成他人损害，施工人不能证明已经设置明显标志和采取安全措施的，应当承担侵权责任。

窨井等地下设施造成他人损害，管理人不能证明尽到管理职责的，应当承担侵权责任。

本案例中，物业服务企业作为排水管道维修人，在小区通行的道路上挖坑，没有设置明显的标志或采取防护措施，造成王某摔伤，因此应对王某受到的损害承担赔偿责任。

第二节　建筑养护管理

问题01：房屋维修管理可分几个工作阶段

房屋维修管理可分三个工作阶段，如表4-1所示。

表4-1　房屋维修管理的三个工作阶段

序号	阶段	说明
1	预防性维修	采取各种预防性措施，对房屋进行保养，延长房屋的使用寿命
2	例行性维修	检查房屋的隐患与损坏状况，并及时排除与修复，提高房屋的安全使用性能
3	周期性维修	按一定的时间规律对房屋进行维修改造。如，外墙粉刷与修饰工程（5～7年周期）；屋顶重修工程（10年周期）；门窗翻新工程（10年周期）；装修改造工程（10年周期）；管线改造工程（15年周期）

问题02：房屋的零星养护项目有哪些

房屋的零星养护修理，指结合实际情况确定的或因突然损坏引起的小修，包括：

（1）屋面筑漏（补漏），修补屋面，修补泛水、屋脊等。

（2）钢、木门窗整修，拆换五金、配玻璃，换窗纱、油漆等。

（3）修补楼地面面层，抽换个别楞木等。

（4）修补内外墙，抹灰，修补窗台、腰线等。

（5）拆砌挖补局部墙体、个别拱圈，拆换个别过梁等。

（6）抽换个别檩条，接换个别木梁、屋架、木柱，修补木楼等。

（7）水卫、电气、暖气等设备的故障排除及零部件的修换等。

（8）下水管道的疏通，修补明沟、散水、落水管等。

（9）房屋检查发现的危险构件的临时加固、维修等。

问题03：房屋计划养护的周期是怎样的

房屋的各种构、部件均有其合理的使用年限，超过这一年限一般就开始不断出现问题。因此，应该制定科学的大、中、小修三级修缮制度，以保证房屋的正常使用，延长其整体的使用寿命，这就是房屋的计划养护。建筑设施的保养周期，如表4-2所示。

表4-2 建筑设施保养周期

序号	公共建筑设施名称	保养周期	备注
1	屋顶	每2年	及时更换破碎的隔热层面砖
2	外墙饰面	每3年	每年对重点部位进行清洗
3	内墙饰面	每3年	对于裂缝较大的及时予以更换，发现有脱落的及时修补
4	楼梯间	每3年	对粉刷墙面损坏的及时修补
5	门	每1年	对生锈或掉漆的门应及时修理
6	防盗网、花园围栏	每2～4年	根据损坏情况确定刷油漆时间
7	窗	每1年	
8	公共地砖	每3年	损坏或裂缝严重的应更换
9	吊顶	每3年	发现有破损应及时更换
10	人行道、车行道	每1年	发现有损坏应修补
11	管道	每3年	必要时可以增加刷油漆次数
12	污水井	每1年	
13	遮雨篷	每1年	在大雨或台风来临前应增加保养次数
14	玻璃幕墙（玻璃门）	每1年	在大雨或台风来临前应增加保养次数

问题04：如何做好地基基础的养护

地基属于隐蔽工程，发现问题及采取补救措施都很困难，应给予足够的重视。主要应从表4-3所示的几方面做好养护工作。

表4-3 地基基础养护要点

序号	养护要点	说明
1	坚决杜绝不合理荷载的产生	地基基础上部结构使用荷载分布不合理或超过设计荷载，会危及整个房屋的安全；在基础附近的地面堆放大量材料或设备，也会形成较大的堆积荷载，使地基由于附加压力增加而产生附加沉降。所以，应从内外两方面加强对日常使用情况的技术监督，防止出现不合理荷载状况
2	防止地基浸水	地基浸水会对地基基础产生不利的工作条件。因此，对于地基基础附近的用水设施，如上下水管、暖气管道等，要注意检查其工作情况，防止漏水；同时，要加强对房屋内部及四周排水设施（如排水沟、散水等）的管理与维修
3	保证勒脚完好无损	勒脚位于基础顶面，将上部荷载进一步扩散并均匀传递给基础，同时起到基础防水的作用。勒脚破损或严重腐蚀剥落，会使基础因传力不合理处于异常的受力状态，也会因防水失效而产生基础浸水的直接后果
4	防止地基冻害	在季节性冻土地区，要注意基础的保温工作。对按持续供热设计的房屋，不宜采用间歇供热，并应保证各房间采暖设施齐备有效。如在使用中有闲置不采暖房间，尤其是与地基基础较近的地下室，应在寒冷季节将门窗封闭严密，防止冷空气大量侵入，如还不能满足要求，则应采取其他保温措施

问题05：如何做好楼地面工程的养护

应针对楼地面材料的特性，做好相应的养护工作。通常需要注意表4-4所示的几个主要方面。

表4-4 楼地面工程养护要点

序号	养护要点	说明
1	保证经常用水房间的有效防水	对厨房、卫生间等经常用水的房间，一方面要注意保护楼地面的防水性能；另一方面要加强对上下水设施的检查与保养，防止管道漏水、堵塞造成室内长时间积水而渗入楼板，导致侵蚀损害。一旦发现问题应及时处理或暂停使用，切不可将就使用，以免形成隐患

续表

序号	养护要点	说明
2	避免室内受潮与虫害	（1）室内潮湿不仅影响使用者的身体健康，也会让大部分材料发生不利的化学反应而变性失效，如腐蚀、膨胀、强度减弱等，造成重大的经济损失。所以，必须针对材料的各项性能指标，做好防潮工作，如保持室内良好的通风等 （2）建筑虫害包括直接蛀蚀与分泌物腐蚀两种，由于虫害通常出现在较难发现的隐蔽部位，所以更需做好预防工作。尤其是分泌物的腐蚀作用，如常见的建筑白蚁病，会造成房屋结构的根本性破坏，导致无法弥补的损伤。无论是木构建筑还是钢筋混凝土建筑，都必须对虫害预防工作予以足够的重视
3	控制与消除装饰材料产生的副作用	装饰材料的副作用主要是针对有机物而言的，如塑料、化纤织物、油漆涂料、化学黏合剂等，这些材料常在适宜的条件下产生大量有害物质，危害人的身心健康，以及正常的工作与消防安全。所以，必须对其产生的副作用采取相应的控制与消除措施，如化纤制品除静电、地毯防止螨虫繁殖等

问题06：如何做好墙台面及吊顶工程的养护

墙台面及吊顶工程一般由抹灰工程、油漆工程、刷（喷）浆工程、裱糊工程、块材饰面工程、罩面板及龙骨安装工程中的几种或全部组成，要根据具体的施工方法、材料性能以及可能出现的问题，采取适当的养护措施。但无论对哪一种工程的养护，都应满足表4-5所示的几个共性要求。

表4-5　墙台面及吊顶工程养护要求

序号	养护要点	说明
1	定期检查，及时处理	定期检查一般至少每年1次，对容易出现问题的部位重点检查，尽早发现问题并及时处理，防止产生连锁反应，造成更大的损失。对于使用磨损频率较高的工程部位，如台面、踢脚、护壁以及细木制品的工程，要缩短检查的周期

续表

序号	养护要点	说明
2	加强保护与其他工程的衔接部位	墙台面及吊顶工程经常与其他工程交叉，在相接处要注意防水、防腐、防胀，如水管穿墙加套管，制冷、供热管相接处加绝热高强度套管等。在墙台面及吊顶工程自身不同的相接处，也要注意相互影响，采取保护手段与科学施工措施
3	保持清洁	经常保持墙台面及吊顶清洁。清洁工作需根据不同材料的各自性能，采用适当的方法，如防水、防酸碱腐蚀等
4	注意日常工作的防护	各种日常工作要防止擦、划、刮伤墙台面，防止撞击。遇到可能损伤台面材料的情况，要采取预防措施。例如，台面养花、使用腐蚀性材料等，应有保护垫层；在墙面上张贴、悬挂物品，严禁采用可能造成损伤或腐蚀的方法与材料，如不可避免，应请专业人员施工，并采取必要的防护措施
5	注意材料所处的工作环境	在潮湿、油烟、高温、低湿等非正常工作环境下，要注意墙台面及吊顶材料的性能，防止因不利环境受损。如不可避免，应采取有效的防护措施，或在保证可复原的条件下更换材料，但均应由专业人员操作
6	定期更换部件，保证整体协调性	由于墙台面及吊顶工程中不同部件的使用寿命不同，因而，为保证工程的整体使用效益，可通过合理配置，使各部件均能充分发挥有效作用，并根据材料部件的使用期限与实际工作状况，及时予以更换

问题07：如何做好门窗工程的养护

在门窗工程养护中，应重点注意表4-6所示的几个方面。

表4-6 门窗工程养护要点

序号	养护要点	说明
1	严格遵守使用与操作规程	在使用门窗时，应轻开轻关；遇风雨天，要及时关闭并固定；开启后，旋启式门窗扇应固定；严禁撞击或悬挂物品；严禁长期处于开启或关闭状态，以防门窗扇变形、关闭不严或启闭困难

续表

序号	养护要点	说明
2	经常清洁，发现问题千万不要拖延	门窗构造比较复杂，应经常清扫，防止积垢影响正常使用。发现门窗变形或构件短缺失效时，应及时修理，以免对其他部分造成破坏或发生意外事件
3	定期更换易损部件，保持整体状况良好	对于使用中损耗较大的部件应定期检查更换；需要润滑的轴心或摩擦部位，要经常采取相应润滑措施；如有残垢，还要定期清除，以减少直接损耗，避免间接损失
4	加强对北方地区外门窗冬季使用的管理	采用外封式封窗，可有效防止冷风渗透与缝隙积灰；长期不用的外门，也要加以封闭；卸下的纱窗要清洁干燥，妥善保存，防止变形或损坏
5	加强窗台与暖气的使用管理	禁止在窗台上放置易对窗户产生腐蚀作用的物体。北方冬季还应注意室内采暖设施与湿度的控制，使门窗处于良好的温、湿度环境中，避免出现凝结水或局部过冷过热现象

问题08：如何做好屋面工程的养护

屋面防水层的使用要有一个完整有效的保养制度，应以养为主，维修为辅，达到延长使用寿命、节省返修费用、提高经济效益的目的。在养护时应注意表4-7所示的几个方面。

表4-7　屋面工程养护要点

序号	养护要点	说明
1	定期清扫，保证各种设施处于有效状态	一般非上人屋面每季度清扫1次，防止堆积垃圾、杂物及非预期植物（如青苔、杂草）的生长；遇有积水或大量积雪时，及时清除；秋季要防止大量落叶、枯枝堆积。上人屋面要经常清扫，在使用与清扫时，应注意保护重要排水设施（如落水口）以及防水关键部位（如大型或体形较复杂建筑）的变形缝
2	定期检查、记录，并对发现的问题及时处理	（1）定期组织专业技术人员对屋面各种设施的工作状况按规定要求进行全面详查，并填写检查记录

续表

序号	养护要点	说明
2	定期检查、记录，并对发现的问题及时处理	（2）对非正常损坏要查找原因，防止产生安全隐患；对正常损坏要详细记录损坏程度 （3）检查后，对所发现的问题及时汇报处理，并适当调整养护计划
3	建立大修、中修、小修制度	在定期检查、养护的同时，根据屋面综合工作状况，进行全面的小修、中修或大修，可以保证其整体协调性，延长其整体使用寿命，发挥其最高的综合效能，并在长时期使用中获得更高的经济效益
4	加强屋面使用的管理	（1）在屋面的使用中，要防止产生不合理荷载与破坏性操作 （2）上人屋面在使用中要注意污染、腐蚀等常见现象，应有专人管理 （3）屋面增设各种设备时，如天线、广告牌等，首先要保证不影响其原有功能（包括上人屋面的景观要求）；其次要符合整体技术要求 （4）在施工过程中，要有专业人员负责，并采用合理的构造方法与必要的保护措施，以免对屋面产生破坏或形成其他隐患
5	外包给专业的维修保养公司	屋面工程具有很强的专业性与技术性，检查与维修养护都必须由专业人员来完成，而屋面工程的养护频率相对较低，所以，为减轻物业服务企业的负担，并充分保证达到较高的技术水平，更有效、更经济地做好屋面工程养护工作，可以将该项业务外包给专业的维修保养公司

问题09：如何做好通风道的养护管理

对通风道的养护，应注意：

（1）住户在安装抽油烟机和卫生间通风器时，必须小心细致，不要乱打乱凿，以免对通风道造成损害。

（2）不要往通风道里扔砖头、石块，或在通风道上挂东西，以免挡住风口，堵塞通道。

（3）管理处每年应逐户对通风道进行检查。发现不正确的使用行为要及时制止；发现有裂缝破损、堵塞等情况要认真记录，及时修复。

（4）检查时，可在楼顶通风道出屋面处测通风道的通风状况，并用铅丝悬挂大锤放入通风道，检查其是否畅通。

（5）通风道有小裂缝的，应及时用水泥、砂浆填补，出现严重损坏的，在房屋大修时应彻底更换。

问题10：如何计算房屋完好率、危险率

计算房屋完损等级，一律以建筑面积（平方米）为计算单位，以幢为评定单位。

1.房屋完好率

房屋完好率，是指完好房屋的建筑面积与基本完好房屋的建筑面积之和，占总房屋建筑面积的百分比。即：

$$\text{房屋完好率}=\frac{\text{完好房屋的建筑面积}+\text{基本完好房屋的建筑面积}}{\text{总的房屋建筑面积}}\times 100\%$$

房屋经过大修、中修竣工验收后，应重新评定房屋完好率（但零星小修后的房屋不能调整房屋完好率）。正在大修中的房屋可暂按大修前的房屋评定，但竣工后应重新评定；新接管的新建房屋，同样应评定完好率。

2.危房率

危房率，是指整幢危险房屋的建筑面积占总房屋建筑面积的百分比。即：

$$\text{危房率}=\frac{\text{整幢危险房屋的建筑面积}}{\text{总的房屋建筑面积}}\times 100\%$$

问题11：如何管理危房

1.危房的危险程度划分

危房是指随时有倒塌可能，不能确保使用安全的房屋。房屋危险程度的划分，如表4-8所示。

表4-8　危房程度与标准

序号	危房程度	标准
1	整幢危房	房屋构件大部分均有不同程度的损坏，已危及整幢房屋的安全，整幢房屋随时有倒塌的可能，且无维修价值
2	局部危房	房屋构件大部分结构尚好，只有局部结构损坏，一旦发生事故，对整幢房屋无太大影响。只要排除局部危险，就可继续安全使用
3	危险点	房屋某个承重构件或某项设施损坏，但对整幢房屋未构成直接威胁

2.危房的使用管理及措施

被鉴定为危险房屋的，应根据危险程度、影响范围，结合具体条件，分轻、重、缓、急，安排修建计划。危房的使用管理及措施，如表4-9所示。

表4-9　危房的使用管理及措施

序号	处理措施	适用范围	管理措施
1	观察使用	适用于采取适当安全技术措施后，尚能短期使用，但需继续观察的房屋	应对危房采取相应的安全防护措施，在制定观察使用期和使用期内的监护措施、要求和检查频次后，再允许使用人使用
2	处理使用	适用于采取适当技术措施后，可解除危险的房屋	应立即采取可行措施排除房屋的危险点和危险部位，实施专项加固后再允许使用人使用

续表

序号	处理措施	适用范围	管理措施
3	停止使用	适用于已无修缮价值，暂时不便拆除，又不危及相邻建筑和影响他人安全的房屋	应立即通知业主和使用人，在房屋危险排除前停止使用房屋，并告知继续使用的后果
4	整体拆除	适用于整幢危险且已无修缮价值，需立即拆除的房屋	应采取措施积极配合政府的拆除工作

案例赏析

楼宇玻璃掉落砸坏汽车，谁之责

【案例背景】

某小区一位业主将汽车停放在楼前，楼上的一块玻璃突然掉落，将汽车的前挡风玻璃砸碎，并划伤了汽车的前盖。该玻璃是过道窗户上的，窗户是铁皮钢窗，年久失修。车主认为物业管理中心对小区进行物业管理，并收取了物业管理费，应对楼宇负有管理义务，楼宇公共部位的玻璃掉落砸坏汽车，物业管理中心应当予以修理，并恢复汽车原貌。

【案例点评】

在该案例中，物业管理中心应该对被损车辆负责。

《民法典》第一千二百五十三条规定：建筑物、构筑物或者其他设施及其搁置物、悬挂物发生脱落、坠落造成他人损害，所有人、管理人或者使用人不能证明自己没有过错的，应当承担侵权责任。所有人、管理人或者使用人赔偿后，有其他责任人的，有权向其他责任人追偿。

此项规定明确了所有人和管理人的责任。该玻璃是公共过道窗户上的，物业管理中心有责任去消除这种隐患，尽快对窗户进行维修。由于年久失修，造成玻璃掉落，砸坏汽车前挡风玻璃和前车盖，物业管理中心应当承担不可推卸的过错责任，赔偿车主修理费用。

第三节　二次装修管理

问题01：二次装修可采取哪些管理措施

二次装修是一项综合工程，由此带来的问题也是多种形式的，如安全隐患、建筑外观形象、侵占他人（公众）利益、违规装修、破坏环境卫生、施工人员管理、施工噪声、相邻业主关系等。

物业服务企业要避免以上问题的发生，可采取图4-3所示的措施。

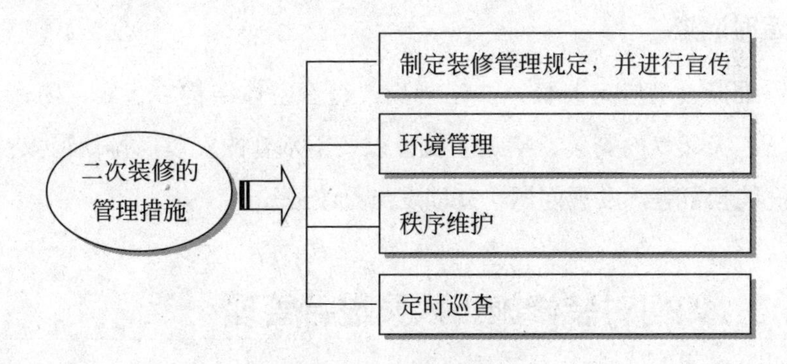

图4-3　二次装修的管理措施

1.制定装修管理规定，并进行宣传

物业服务企业要依据政府的法规，结合不同物业小区的实际情况，制定适合于本物业小区的装修管理规定。装修管理规定，应该成为物业小区装修管理的作业规程，对装修活动的相关各方都具有约束力。

装修管理规定制定以后，要利用多种途径和方式进行大力宣传，把引导、教育和培训的工作做在前头。

比如，将装修管理规定放到开发商的售楼处，或者张贴在建筑施工现场某个醒目的位置，让业主/准业主事先了解有关规范和要求，再加上销售人员对购房人的宣传解释，可以减少很多装修方面的矛盾和纠纷。

2.环境管理

物业服务企业要注重电梯的养护，派专人看护电梯轿厢，以免被装修材料碰坏；要定时清扫电梯间、消防通道卫生，不要堆放装修垃圾，要保证消防通道畅通。

3.秩序维护

安保人员要正确引导车辆出入小区，并记录车牌号码；检查进入小区的人员，区分业主与装修人员，并驱逐广告业务人员；定时巡楼，检查施工现场安全，并督促装修现场配备灭火器，做好安全提示。

4.定时巡查

工程维保人员应定时检查施工现场，查看主体结构、管线、闭水试验、孔的预留、天然气的安装、空调主机位以及落水管的安装，排烟道以及热水器排气孔的预留等，发现问题，立即发出整改通知。

问题02：如何对装修施工人员进行管理

装修施工单位的施工人员要到客服中心进行登记，填写“装修人员登记表”。物业客服中心给装修施工人员发放“临时出入证”，装修施工人员凭“临时出入证”出入小区（大厦）。要规定装修施工人员的活动范围，只允许在指定的区域内活动，防止装修施工人员到无关的楼栋或楼层乱窜，以免影响他人的工作和生活。

问题03：如何加强施工时间的管理

装修施工不得打扰左邻右舍，不得影响其他单位或个人的工作和休息，因此，要加强装修时间的管理。一般允许的施工时间为早上8:00以后，晚上

6:00以前。

1.要控制噪声施工的时间

噪声施工的内容包括砸墙、钻孔、墙面楼板开槽、钻切锤打金属、电锯改料等。对住宅房屋来说，噪声施工要避开人们的休息时间。

2.对电梯使用时间做出限制

高层建筑内业主或使用人的室内装修，必须允许其使用电梯运送施工人员、装修材料和垃圾。但为了不影响其他人的使用，应规定使用电梯的时间。

通常要求运送施工人员、装修材料和垃圾要避开电梯使用的高峰时间，这个高峰时间因大楼的用途和对象不同而不同。如果白天电梯使用非常繁忙，可安排在夜间运送装修材料和垃圾。

问题04：如何加强装修现场的管理

对装修现场的管理，可从图4-4所示的几个方面入手。

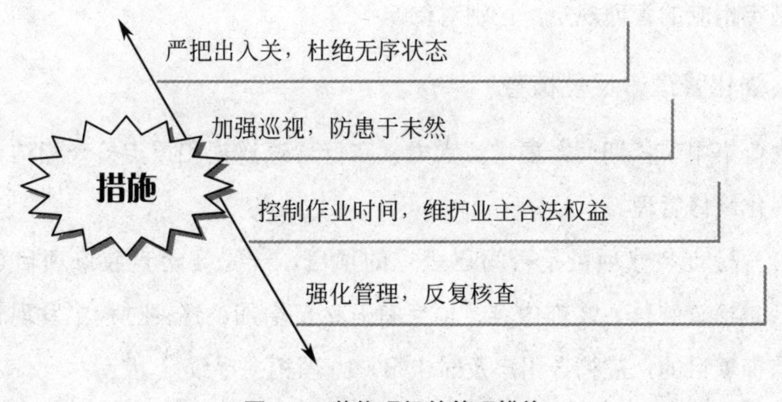

图4-4　装修现场的管理措施

1.严把出入关，杜绝无序状态

由于装修工人的来源有极大的不确定性，施工过程中装修人员自我约束不足，施工单位管理不力，所以，在装饰、装修期间，物业管理单位应对物业区域（包括电梯）出入的人员和材料进行严格的管理。凡未佩带物业装饰、装修施工标识的施工人员和其他闲杂人员，一律禁止入内，要让装修人员的管理有序化、规范化。

2.加强巡视，防患于未然

物业装修期间，物业管理单位要抽调专业技术人员、管理人员和保安人员，加大物业装修管理的巡视力度，对有违规苗头的装修户，要重点巡视、频繁沟通，做到防患于未然。对违规行为，要晓之以理，动之以情，必要时报告有关行政主管部门处理。同时，检查施工单位的施工人员是否如实申报和办理了施工证件，对施工人员进行强化管理。

3.控制作业时间，维护业主合法权益

物业装修管理要特别注意装修施工（尤其是拆打）的作业时间，以免影响其他业主和物业使用人的正常生活与工作。另外，还应针对不同的物业类型，制定相应的管理规定，区别对待。

4.强化管理，反复核查

物业集中装修期间，要增派人力，实行普遍巡视和重点检查相结合的方式，强化装修管理。

（1）检查装修项目是否为已登记的项目，一是要检查装修项目是否申报；二是检查装修、装饰内容、项目有无私自增加。巡视过程中发现新增装修、装饰项目的，应指导用户及时申报、办理相关手续。

（2）检查施工人员的现场操作是否符合相关要求，如埋入墙体的电线是否穿管、是否使用合格的套管；施工现场是否配备防火设备，操作是否符合

安全要求，现场的材料堆放是否安全；垃圾是否及时清运，有无乱堆乱放，装修户门外卫生是否保持清洁等。

问题05：如何对装修行为进行管理

物业管理处可以成立由工程及护卫员组成的装修联合管理小组，工程部主管为主要负责人。管理小组按“装饰装修管理服务协议”的要求负责结构安全和建筑装修监管，检查并及时填写“装修巡查记录”。主要目的就是在装修期间，对装修进行更有效的管理和监控。管理重点主要有：

（1）为防止房屋结构、外观受损及违章搭建，在实际工作中，工程技术人员应每两天巡查一次；护卫员应每天对装修进行全方位监管，以消除管理盲点，形成立体交叉式的装修监管网络。发现问题要及时处理，把违章装修消灭于萌芽状态。

（2）为防止房屋装修后出现渗漏而引发责任问题，应要求装修单位对厨房、卫生间做防水施工后进行48小时的闭水试验，确认未发现渗漏后方可进行下一步施工。对于施工过程涉及阳台凿开找平的，必须要求施工单位重新实施防水处理后方可进行下一步施工。

问题06：如何应对违规装修

虽然物业管理人员掌握了业主装修的流程，加强了日常装修巡检，但仍然难以避免违规装修的出现；同时，还有些业主为了自己的需求，明知装修违规却一意孤行。这就需要物业管理人员努力沟通，尽量减少重大违规装修的出现。违规装修的表现及应对措施，如表4-10所示。

表4-10　违规装修的表现及应对措施

违规类别	违规表现	应对措施
结构改动	（1）在承重墙上开门、开孔、做壁橱 （2）改变室内楼梯位置 （3）在室内砌砖墙 （4）在天花板上安装很重的物品 （5）在室内安装阁楼 （6）拆除卧室窗下墙体 （7）在外墙上随意打孔、开门、开窗等	应该坚决制止这一类违规装修，必要时可以采取一些非常手段，同时上报相关管理部门共同处理
改变房屋用途	（1）扩大卫生间的门窗尺寸 （2）更改卫生间干湿隔墙的位置 （3）将卧室改为卫生间 （4）将阳台改为洗衣间 （5）将主卧卫生间改为书房或衣柜 （6）改变空调的安装位置 （7）改变燃气、暖气管道位置等	针对这类违规装修，物业服务企业应尽量阻止。物业服务人员要告知业主这样改动应该承担的责任，以及对其以后的生活带来的麻烦等。并将改动情况详细记录在档案中，让业主签字认可
线路改动以及房屋外观改变	（1）破坏卫生间的防水层 （2）上水管道暗铺在地板内 （3）用水泥板、瓷片封闭卫生间和厨房的下水管道，并没有预留检修孔 （4）改动主下水管道 （5）改变烟道的开孔位置 （6）将污水管连接到雨水管中 （7）可视对讲移位 （8）改变进户门样式与颜色 （9）改变窗户玻璃颜色 （10）随意安装防盗网等	物业服务企业也应尽量阻止此类违规装修。要告知业主，这样的改动应该承担相应的责任，同时开发商的保修期也将取消。还应将改动情况详细记录在档案中，并让业主签字认可
破坏环境卫生	（1）装修垃圾没有按照规定运放 （2）污染损坏公用设施设备 （3）噪声污染 （4）高空抛物 （5）空气污染 （6）将装修垃圾倒入下水管道等	这一类违规一般是由施工人员造成的，这就需要护卫部和保洁部密切配合，发现一起，严肃处理一起，必要时可以要求相关人员离开小区，但一定要及时联系施工负责人和业主，向其讲明原因，以避免不必要的误会

问题07：装修现场定期巡查的内容有哪些

装修现场，要求用户将“用户室内装修批准书”和“用户室内装修注意事项”张贴于门上，以便于物业工程人员检核和提醒装修人员安全施工。同时，物业工程人员应按规定对装修现场进行巡查。进入装修现场后，应按审批内容逐项检查，具体如表4-11所示。

表4-11　装修现场定期巡查内容

序号	项目	要求
1	隔墙材料	用防水材料或空心砖、轻体墙等作为隔断，木器必须按规范涂上消防部门认可的防火漆
2	天花板材料	用防水材料，做防火处理
3	电气线路改动	需套PVC管，配电箱内空气开关型号、位置要正确，出线线径要合理等
4	地面	检查业主是否在允许的范围内对地面进行改动，洗手间、厨房等地面的改动，必须按规范做好防水处理，并通知物业服务企业有关人员进行检查
5	墙面	墙面以涂料为主。如贴墙纸，则必须用阻燃墙纸
6	给排水管道	给排水管道如有改动，需检查其是否照图施工，材料质量是否符合国家标准，接口部分是否漏水，主管及原有管道是否损坏
7	空调安装	空调主机应在指定位置安装；地脚螺栓需加装防震垫片；空调排水不能直接排至户外，需利用厨房、洗手间或阳台地漏排水；主机如需挂墙或搭架安装，应用不锈钢材料
8	大门（进户门）	如更换大门，需提供乙级防火门证明，否则不允许更换
9	防盗门	必须选择物业服务企业指定的款式，防盗门不能超出门框范围凸出在走廊上
10	窗户防盗网（栏）	防盗网必须安装在窗户内
11	外露平台	外露平台如有装修，需查明是否得到物业服务企业或开发商批准

问题08：如何加强装修垃圾的管理

装修垃圾的清运是一项重要的工作。目前装修垃圾清运的方式有图4-5所示的两种。

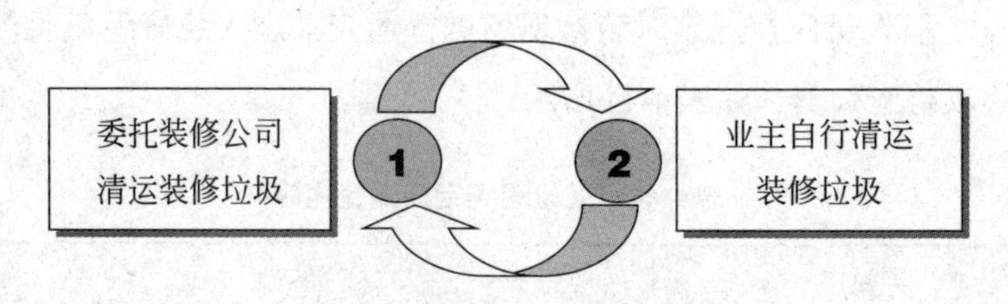

图4-5 装修垃圾清运的方式

不管以哪种方式清运垃圾，物业服务企业都应该制定装修垃圾清运规定，一方面对业主和装修公司进行约束，另一方面对物业服务工作进行规范。

案例赏析

未清理建筑垃圾，承担赔偿责任

【案例背景】

20××年7月的某天，1名8岁男孩与11岁的同伴在小区内玩球。两人抢球时，该8岁男孩不慎跌倒在小区门口一建筑垃圾堆上，被垃圾堆上一个废弃玻璃鱼缸的锐口割断了股动脉。经抢救无效，该8岁男孩于次日晚上死亡。经查，该建筑垃圾是居住在该小区的某业主在2个月内装修房屋时临时堆放的，居委会曾多次要求该业主及时清运垃圾。事发前3天，该业主委托环卫保洁公司清运了部分垃圾，剩下的部分，该业主以非其堆放为由而未清运。男孩父母可以采取怎样的诉讼请求？

【案例点评】

男孩父母将该业主、物业服务企业、11岁同伴的父母告上法庭，要求赔偿经济损失。

一审法院经审理，判决物业服务企业及该业主、11岁同伴的父母，分别赔偿男孩父母经济损失人民币55925元、27962元和9320元。该业主不服提起上诉。

二审法院认为，该业主没有证据证明垃圾是别人堆放的，虽然不能认定鱼缸是该业主的，但垃圾为鱼缸创造了放置的条件，有不可推卸的责任。二审人民法院据此驳回该业主的上诉请求，维持原判。

在此案例中，物业服务企业存在过错，没有及时督促业主清理垃圾，也没有自行清理。因此应承担责任。

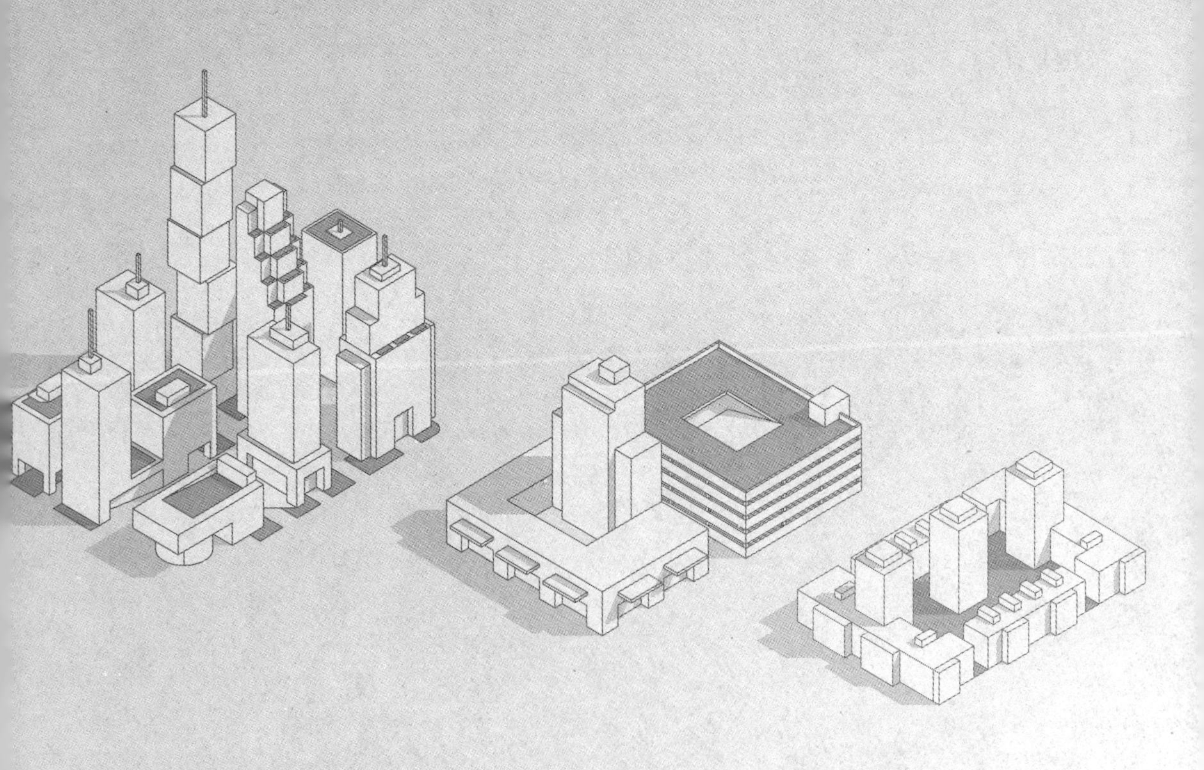

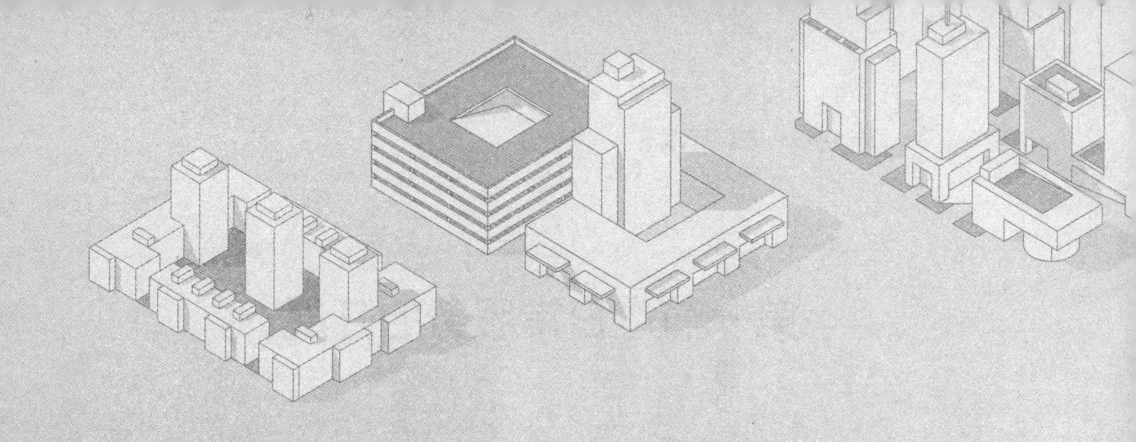

第五章 客户服务常见问题解答

Chapter five

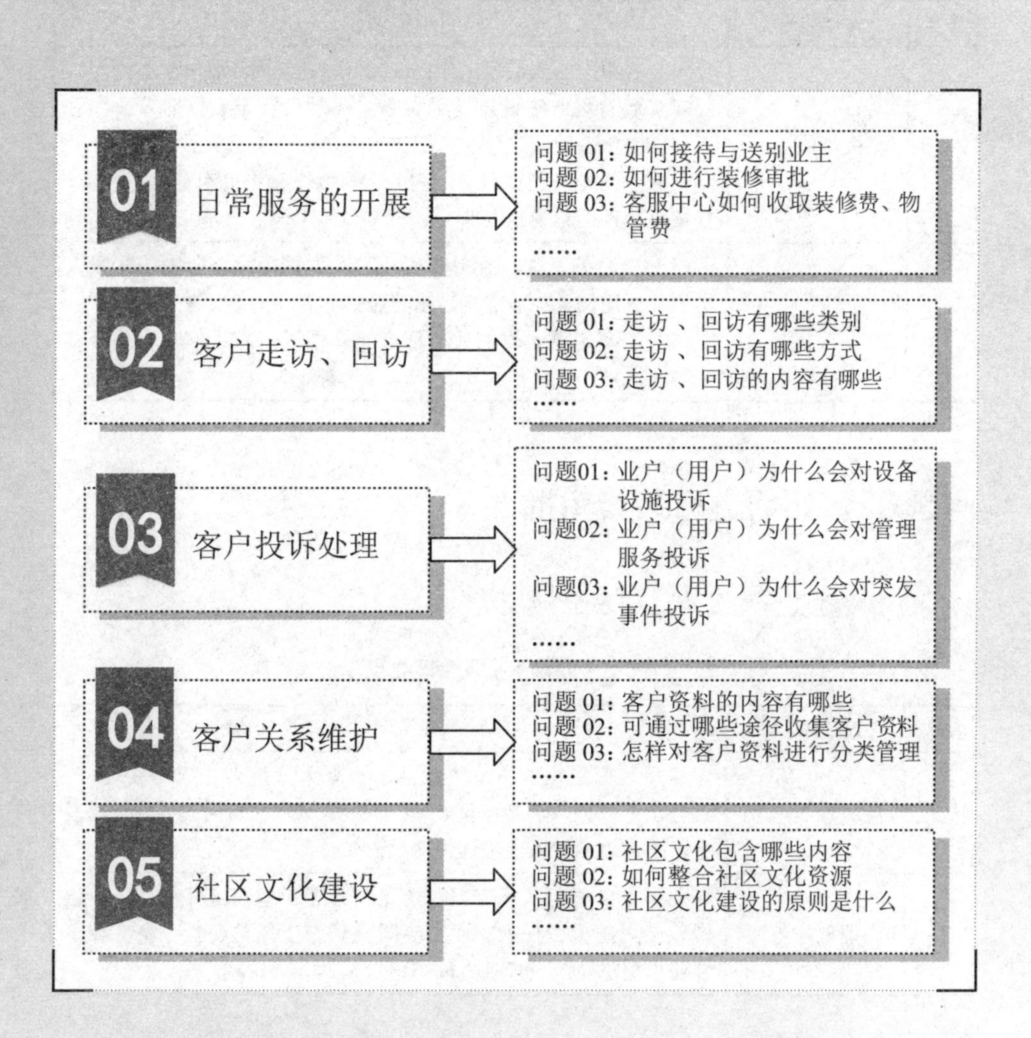

第一节 日常服务的开展

问题01：如何接待与送别业主

客服中心接待业主与送别业主的要求，如表5-1所示。

表5-1 客服中心接待业主与送别业主的要求

序号	管理要领	要求
1	接待业主	（1）客服中心人员按工作要求做好接待准备工作 （2）当看见业主进入客服中心时，所有暂无工作的人员都应起立，向业主问候致意；有工作的人员应点头微笑致意 （3）业主走向工作台前，服务人员要主动询问有何服务需求，并按服务程序和规定办理
2	送别业主	（1）当服务完毕，业主要离开时，负责接待该业主的客服人员要礼貌道别，在该业主走出客服中心大门后方可坐下 （2）所有暂无工作的人员都应起立相送；有工作的人员应点头微笑送别

问题02：如何进行装修审批

装修审批及管理要点，如表5-2所示。

表5-2 装修审批及管理要点

序号	关键点	说明
1	业主领表填写	房屋装修应由业主本人或业主委托人（持业主书面委托书）到管理处领取“装修申请表”“防火责任书”及相关装修管理规定，并按表中要求逐项详细填写
2	办理申报手续	业主本人确定装修方案，选定装修施工单位，并由施工单位指定一名防火责任人。业主会同装修施工单位负责人备齐如下装修申报材料到管理处办理申报手续：

续表

序号	关键点	说明
2	办理申报手续	（1）填写好的“装修申请表”及“防火责任书” （2）装修施工单位的营业执照、资质证明复印件（加盖公司公章） （3）装修合同复印件 （4）房屋装修施工图（包括建筑、给排水、电气管线图等） （5）装修项目明细表 （6）装修人员身份证复印件和照片
3	装修审批	管理处装修主管查验装修申报材料，在3个工作日内予以审批。装修方案的审批原则如下： （1）不能破坏建筑物的主体结构 （2）不能破坏建筑物的建筑立面 （3）根据设计院提供的楼板设计荷载，审核楼面及吊顶材料 （4）确定用电负荷 （5）厨房、卫生间的楼板防水措施 （6）有无大量使用易燃材料 （7）装修方案是否符合防火要求
4	办理装修手续	装修申请获得批准后，客服中心应提前一天通知用户和装修单位交费及办理相关证件，并负责带领装修单位到工程部办理有关手续
5	收取费用	按物业管理规定的装修押金标准来收取
6	办理入场手续	为方便装修期间的管理，使装修工作有序进行，管理处应为用户、装修人员及临时人员统一办理装修出入证

问题03：客服中心如何收取装修费、物管费

客服中心在向业主收取装修款项前，事先要查看“装修审批表”，确认审批栏内有审批意见“同意按装修合同施工”，且有装修审批负责人的签名及盖章。收款时要做到先收款、后开收据，并且在填写收据时，一定要写明交款人的名称及单元号。

各项费用必须分别开列，如业主押金、施工单位押金、垃圾清运费、装修出入押金、工本费，装修许可证押金等。

问题04：客服中心如何退还装修押金

（1）首先要经装修负责人验收合格，即装修押金单背面必须要有装修负责人的签名及验收意见，如“验收合格，同意退款”等字样。退款后要督促其在“装修申请表”上的“验收情况”栏内签名。

（2）要在装修办证登记本上找到该退款人的单元号及名称，并要求退款人将登记本上记录的出入证及装修许可证全部退回。如果出入证没有全部退回，每证须扣一定金额的押金，并在押金本上开单，告诉退款人；找到出入证时，退款人可凭出入证与押金条来退款。

（3）在装修押金登记本上查找交款记录，确认该单元没有退款，然后在该单元记录格内填写退款金额、退款日期。

（4）退还装修押金后，经办人要在“装修押金登记表”上登记，以及在该户档案袋内的“装修申请表”上签名并登记退款情况。

（5）要由退款人本人凭身份证来退款，如果不是本人来退款，退款人必须在客户联收据单上签名并注明退款日期。

问题05：如何采取措施有效防止干扰

装修期间，会对左右隔壁、上下楼层住户的工作和休息产生影响。如果客服中心不采取有效措施，肯定会招致装修单元相邻住户的投诉和不满。为避免室内装修对邻居的干扰，应采取以下管理办法：

（1）装修前发通知给同一楼层及上下楼层住户，让他们有思想准备和采取一些预防措施，并取得他们的谅解。

（2）在住户提交装修申请时，提醒住户聘请信誉好、实力强、人员精的装修公司，并尽量缩短工期。

（3）对住户和装修公司进行必要的培训，向其说明装修程序和有关管理规定，以免他们的装修工程影响他人的工作或休息。

（4）将“装修注意事项”贴在装修单元的大门上，提醒装修人员文明施工。

（5）对住宅楼，严禁在夜晚、周末等时间装修；对商业大厦，白天上班时间只允许一些不产生噪声及油漆味的装修，将发出较大噪声的工序安排在非办公时间进行，并严禁装修时开启空调。

（6）施工人员必须办理施工证或出入证方可进场施工，施工人员不得从事与施工无关的各种活动。

（7）加强对装修单元的监管，及时听取邻居意见，对违规施工人员视其情节轻重分别给予口头或书面警告、停止装修、暂扣装修工具、责令赔偿损失等处罚。

问题06：客服中心如何催收管理费用

对欠款户可采取六种方式催收管理费，具体如表5-3所示。

表5-3　对欠款户催收管理费的六种方式

序号	催收方式	说明
1	银行电话催收	由银行对存款金额不足的业主（用户），进行电话通知
2	客服中心电话催收	（1）打通电话，首先问好 （2）通报姓名及意图 （3）讲清欠费项目、起止时间、金额、限定交款日期 要求：做到文明礼貌、态度和蔼、数据准确、简单明了
3	派发催款通知单	在电话催收后，由客服中心根据财务室提供的欠款名单，发出催款通知单，写明欠款项目、金额、起止时间、限定交款日期。要求：字迹清晰、工整，门牌号及交款时间准确无误

续表

序号	催收方式	说明
4	再次催款单	在派发第一次通知单后，对仍未交款的住户（欠交2个月以上），派发第二次催款单（内容、要求与第一次相同）
5	张贴催款单	对几次催款都无效的欠款户，采取将催款单张贴于欠款户门上的催收方式，内容与第一次催款单相同。张贴地点：欠款户防盗门门镜处。要求：准确无误
6	发律师函	针对欠费大户或几次催款无效的住户，由公司统一处理。要求：事先通知业主发放律师函一事

问题07：如何为客户办理搬入搬出放行条

物业服务企业应为所管理小区的客户搬出搬入，如业主搬家或搬运大件物品、装修单位搬运机具、外来维修单位搬运工具等，办理放行条，具体如表5-4所示。

表5-4　为客户办理搬入搬出放行条的要领

序号	搬入搬出情形	办理手续
1	客户搬出放行条	（1）若客户将物品搬出小区，应到管理处客服中心办理手续，客服人员核对客户身份，并记录客户身份证号码；若不能确定客户身份，应获得业主书面说明或与业主联系。客服人员填写“客户搬出/入登记表”，开具搬出“放行条”，并通知护卫员 （2）若客户迁出小区居住，应提前到管理处客服中心办理手续，客服人员应询问客户房号，核对姓名，记录客户身份证明号码，并仔细检查客户管理费、水电费、车位使用费等费用是否交清；若客户为租户，应提供业主同意搬家的证明，如果确实不能提供的，可由客服人员与业主联系，确定业主是否同意其搬出。客服人员填写“客户搬出/入登记表”，开具搬出“放行条”，并通知护卫员

续表

序号	搬入搬出情形	办理手续
2	客户迁入放行条	若迁入的客户为业主，应在客服中心按照“客户入住手续办理流程”办理相关手续，由客服中心开具搬入“放行条”；若迁入的客户为租户，应由业主出具证明，在客服中心办理相关的手续，由客服中心开具搬入“放行条”。客服人员填写“客户搬出/入登记表”，并通知护卫员
3	装修单位、外来作业单位的搬运	装修单位、外来作业单位搬运机具的，应由客服人员核实装修或作业地址，并记录搬运人身份证明号码，开具“放行条”，并通知护卫员

在为客户办理搬入搬出放行条时，要提醒客户：使用电梯应避开高峰期；尽量不占用消防通道停车，实在无法避免的，停车时间不得超过30分钟；应保持环境卫生，爱护公共财产，损坏公共设备要照价赔偿。

问题08：如何办理车位租用

办理车位租用的工作步骤与要求，如表5-5所示。

表5-5 办理车位租用的工作步骤与要求

序号	作业步骤	办理手续
1	审核资料	客户携带以下资料及复印件到客服中心申请租用车位，客服人员要对其所提供的资料认真审核： （1）客户行驶证、驾驶证复印件（与原件核对） （2）车辆综合保险单复印件（与原件核对） （3）购房合同书或产权证明 （4）客户联系电话、地址、单位
2	签订租赁合同	检查以上资料后，请客户阅读车位场地租赁合同书，待客户确认后，由客服中心经理和客户共同签订合同，合同一式两份，客服中心、客户各一份

续表

序号	作业步骤	办理手续
3	收取车位使用费，并录入信息	（1）合同签订后，引导客户到客服中心收费处交纳车位使用费 （2）客户交费后，客服人员在停车管理系统中登记并录入客户信息
4	合同的解除	若客户要求提前解除租赁合同并退款时，由客户书面提出，客服中心签署意见，交领导批准后，客户凭发票到财务稽核部门办理退款手续。客服中心收回租赁合同并更新停车管理系统的信息

问题09：如何办理向总经理投诉的接待预约

业主投诉时，客服人员要热情接待，耐心听取业主的投诉，并予以解决，尽量不要把矛盾上交。若业主非要向总经理投诉，则应进行预约。预约前要做好以下几件事：

（1）填写投诉接待预约单。

（2）整理好有关资料。资料包括：

——业主资料：姓名、居住单元、投诉时间、投诉内容及要求。

——处理情况：职能部门的调查情况、处理意见、处理过程是否有变化，解决了什么问题，还有什么问题未能解决，是什么原因。

（3）提交预约单，回复业主接见时间：

——把预约单和资料送交总经理，请总经理约定接见时间。

——获知总经理的接见时间后，回复业主。

（4）跟踪处理：根据总经理的处理意见及决定，进行跟踪处理，直至落实。

问题10：如何为业主（用户）出具场地证明

在物业管理工作中，常会遇到为业主（用户）出具场地证明的事情。这看似简单，但如果不谨慎的话，很可能带来麻烦，甚至惹来官司，所以一定要按申请手续严格办理。

（1）接到办理场地证明的申请时，首先要核实申请人的身份，如果是业主，最好能出示产权证明，如果是代理人，应出示业主签名的授权书。

（2）要求申请人提交书面申请书，并向管理处说明出具证明的原因，申请书上要有业主或代理人的签名。

问题11：如何办理拾遗或失物认领手续

为规范员工拾遗管理，物业服务企业通常要求员工在拾到物品后，马上联系客服中心，由客服中心负责通知巡楼保安员协助查找失主。找到失主后，失主要凭身份证到客服中心办理认领手续。如果找不到失主，管理处要把失物名称贴在公告栏上，以方便查找。

1.用户报失

接到用户报失后，客服中心应详细记录报失用户的房号、姓名、电话、遗失物品日期与时间、遗失物品地点，以及失物的名称、款式、型号等资料，并将用户所提供的资料转交巡楼保安协助查找。如失物找回，应通知用户到客服中心办理认领手续；如失物未能找回，也要回复用户。

2.拾遗上报

如有人上报拾遗物品，客服中心应先将拾遗人的姓名、联系电话、物品名称、拾遗日期等内容填写在“拾遗物移交记录表”上，连同拾遗物一起保存，并将“拾遗物移交记录表”复印一份存档。

案例赏析

早期免收维修费用，后期正常收取产生的纠纷

【案例背景】

某小区入伙之初，管理处考虑到业主乔迁初期开支较多，主动给予了优惠，对大多数户内维修暂时采取了无偿提供的方式（没有公告）。

入伙满一年后，鉴于小区的经济运行状况，管理处决定按照法规规定，开始据实收取户内维修费用。这本来是合情合理的做法，却遇到了不小的阻力。

为了突破阻力，管理处起草并在公告栏张贴了“致业主的一封公开信”。信中引用物业管理法规的规定，向业主讲明了物业管理费的开支范围和有偿服务与无偿服务的详细范畴，并说明了当初无偿提供户内维修的初衷。这使大多数业主消除了“交了物业管理费，管理处就应包办一切”的想法，对户内维修有偿服务表示认同。

针对个别业主的不理解，管理处继续深入工作。一方面，要求办公室职员耐心接受业主的询问，进一步加以解释；另一方面，要求维修职员上门维修时必须保证时效和质量，同时加强与业主的沟通。

与此同时，管理处还公开了户内维修的收费标准，并告知业主有选择服务商的权利。这样，就逐步理顺了所有业主的情绪，有偿户内维修也就轻松地落实下去了。

【案例点评】

物业管理的很多实践都证实，没有业主的理解和支持，即使依法照章办事，也难为之。从这个意义上讲，一个好的物业管理人员，首先应当是一个好的思维工作者。

第二节　客户走访与回访

问题01：走访、回访有哪些类别

管理处对业主的走访、回访工作，通常包括日常走访、业主（用户）投诉回访、业主（用户）家中发生突发事件回访、重大节假日上门拜访，具体如表5-6所示。

表5-6　走访、回访的类别

序号	类别	说明
1	日常走访	日常走访是指管理处对请修的业主（用户）、投诉的业主（用户）、提出建议的业主（用户）之外的业主（用户）进行的走访。由管理处客服主管每月对小区内的3～5户业主（用户）进行走访，征询业主（用户）对管理处的意见，并填写“管理处走/回访记录”，同时要按约定时间进行回复
2	业主（用户）投诉回访	是指管理处对投诉的业主（用户）、提出建议的业主（用户）进行的回访
3	业主（用户）家中发生突发事件回访	业主（用户）家中一旦发生事故，管理处员工接报后应迅速赶到现场，进行各种紧急情况的处理；业主（用户）家中事故处理完毕后，管理处经理、客服主管应上门回访，根据实际情况做好各类善后及防范工作，如：积极调查事故原因、对住户开展安全教育宣传、检查其他隐患并处理、安慰住户、帮助解决一些实质性困难、协调各方面关系等，并填写“管理处走/回访记录”
4	重大节日上门拜访	重大节日上门拜访是指在如春节、中秋、重阳节等节日对业主（用户）进行拜访；由管理处经理、客服主管到一些重点的业主（用户）家中进行拜访，并填写“管理处走/回访记录”

问题02：走访、回访有哪些方式

对业主走访、回访的形式应该是多样化的，常见的方式如图5-1所示。

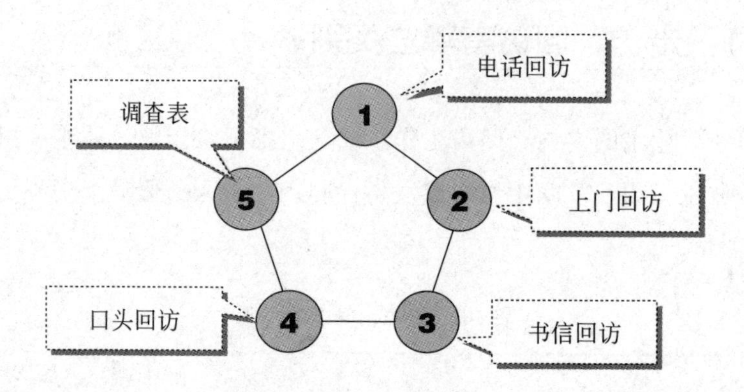

图5-1　走访、回访的形式

为了不影响业主（用户）的正常生活与工作，通常采用电话回访的方法，也可以采取与业主（用户）交谈、现场查看、检查等方式综合进行。

问题03：走访、回访的内容有哪些

走访、回访的内容主要包括水、电、暖、气等生活设施的使用及管理，卫生管理，绿化管理，公共管理，维修质量，服务态度等。

问题04：走访的人员怎样安排

走访业主时应做好人员安排，比如，走访通常由两个人组成一个小组，人太多，会给业主（用户）造成心理上的压力；小组成员通常是一男一女，不管业主（用户）是男是女，都不会引起尴尬和不便，成员之间也可以有个照应和第三方的见证。

问题05：走访的时间怎样安排

（1）走访安排在业主（用户）的空闲时间较为合适，占用业主（用户）的休息时间也是不尊重对方的表现。

（2）走访的时间要长短适宜，太短达不到效果，太长则会影响业主（用户）的正常生活，走访时间通常是20分钟或一个小时，当然也不能一概而论。

（3）走访应提前预约，不能给业主（用户）来突然袭击。

问题06：走访、回访业主（用户）要注意哪些细节

物业管理人员在走访、回访业主（用户）时要讲究方法和技巧，这样才能够取得最佳效果。表5-7介绍了一些走访、回访的细节事项。

表5-7　走访、回访的细节事项

序号	细节	说明
1	见面问候时最好点名道姓	进入业主（用户）家门时，我们通常会说："您好，见到您很高兴。"但如果换成"王先生，您好，见到您很高兴。"效果会更好。因为后者比前者要更亲切热情
2	如果业主（用户）没请你坐下，你最好站着	进入业主（用户）家时，得到业主（用户）允许后再坐下。如业主（用户）请你抽烟，应表示感谢。抽烟时，千万不要把烟灰掉到地板上，那样非常不得体
3	不要急于出示随身携带的资料	只有在交谈中提及了，且引起了对方的兴趣时，才可向业主（用户）出示随身所带的资料。同时，回访前要做好充分的准备，预先考虑业主（用户）可能会提出的问题，在业主（用户）提出问题时，应给予详细的解释或说明
4	主动开始谈话，珍惜时间	在回访时，应该主动开口，表达简洁准确，不要占用业主（用户）过多的时间，以免引起其反感
5	时刻保持相应的热情	在回访时，如果你对某一问题没有倾注足够的热情，那么，业主（用户）可能也会失去谈论的兴趣。当业主（用户）因为某些问题而情绪激动，不配合工作时，应提早结束回访，以免不仅不能解决原有问题，而又产生新问题

续表

序号	细节	说明
6	学会倾听	进行回访时，不仅要学会说，而且还要学会倾听。倾听有两个要求，首先要给业主（用户）留出说话的时间；其次要“听话听音”。当业主（用户）说话时，最好不要打断他，并利用恰当的时机给予响应
7	避免不良的动作和姿态	在回访时，应保持端庄得体，不做无关的动作或姿态，如：玩弄手中的小东西、用手理头发、剔牙齿、掏耳朵、弄指甲或盯着天花板等，这些动作都有失风度。同时，俚话和粗话也应避免
8	要善于“理乱麻”，学会清楚地表达	在说话时，表达应清晰准确，要善于概括总结，不会概括的人，常令人不明所以；叙事没有重点，思维混乱的人，会使人不知所措。同时也要注意说话的语气和语调，说话要保持清晰，语速徐缓，语调平稳
9	注意衣着和发式	要记住，你代表着公司，体现着企业的形象，千万不要给人一种不整洁的印象，这样不仅无助于回访事情的解决，还会影响整个企业的形象
10	避免过度关心和说教	过度的关心和说教应该避免，要表现出诚意和合作精神
11	告别	回访结束离开业主家时，要带好自己的随身物品，如公文包、资料等。告别语一定要适当简练，千万不要在临出门时又引出新的话题

问题07：如何做好投诉的回访

（1）回访时应虚心听取业主（用户）的意见，诚恳接受批评，采纳合理的建议，并做好回访记录。回访记录应指定专人负责保管。

（2）回访中，如对业主（用户）的问题不能当即答复，应告知回复预约时间。

（3）物业管理部门的其他人员收到业主（用户）的意见、建议、投诉或询问时，应及时反馈给部门领导或回访专责管理人员，并认真做好记录。对不属于本部门职权范围内的事项，应及时呈报上级部门处理，不得推诿、扯皮。

（4）回访后对业主（用户）反馈的意见、要求、建议、投诉，应及时整理，快速作出反应，妥善解决，重大问题应向上级部门请示解决。对业主（用户）反映的问题，要做到件件有着落、事事有回音，回访处理率达到100%，投诉率力争控制在1%以下。

（5）接到业主（用户）投诉，应首先向业主（用户）表示歉意和感谢，并记录在“住户投诉登记”中。对于重大的投诉，部门领导应组织相关人员向业主（用户）进行检讨和说明，并及时落实解决措施及责任人，限期处理和整改。

（6）对投诉必须100%回访，必要时可进行多次回访，直至业主（用户）满意。

问题08：维修回访的内容有哪些

维修回访的内容有：

（1）实地查看维修项目。

（2）向在维修现场的业主（用户）或其家人了解维修人员的服务情况。

（3）征询改进意见。

（4）核对收费情况。

（5）请被回访人签名。

问题09：维修回访的原则是什么

小事、急事当时或当天解决，如果同时有若干急事，应如实向业主（用户）通报，协商解决时间。一般事情，当天有回音，三天内解决；重大事情，三天有回音，七至十五天内解决。对维修后，当时看不出维修效果，或可能再次出现问题的，应进行多次问访；对维修效果很明显或属正常低值易耗的，可进行一次性回访。

问题10：维修回访的语言有何要求

回访工作可以亲自上门拜访、实地查看，也可以通过电话与业主进行沟通确认，无论以何种方式进行，用语都要规范，声音要温和，表达要清晰。

比如，“您好，我是××物业××××管理处的员工，今天来回访，请问您对我们的维修服务质量是否满意？”

“先生（女士），您的水龙头现在还会不会漏水？我们维修服务人员的态度，您满意吗？”

“先生（女士），您在电话中反映的有关维修服务人员乱收费的情况，我们已做了调查与处理，今天特来回访，与您沟通一下情况。”

问题11：维修回访的时间有何要求

回访时间一般安排在维修后一星期之内：安全设施维修，两天内回访；漏水项目维修，三天内回访。每个物业服务企业都会有相应的规定，例如，某知名物业企业对维修回访作出如下要求：

（1）对危及住户生命、财产安全的，如出现天花板掉落，墙体裂缝严重，灯罩松动，厨柜松动、倾斜，电器外壳带电等问题，应马上给予处理解决。处理后，一周内回访一次；并视情节轻重必要时采取不断跟踪回访。

（2）房内墙角、天花板出现渗水现象，在接到通知后，马上到现场查明原因，在两日内给予判断、处理、解决，维修后第二天回访一次；如是雨水造成的，下雨后应马上进行一次回访。

（3）洗菜盆、洗脸盆、座厕或其他管道堵塞或漏水的，当日予以解决，次日回访。

（4）电视机、电冰箱、电烤箱等家电出现问题的，当天予以检查，如插头断了或接触不良等简单维修，在维修后的第二天回访一次。

（5）业主的电视收视效果差，应马上与有关单位联系，两日内予以解决，次日回访。

（6）业主房内墙体出现裂缝，但不危及生命或影响正常生活的，可与有关单位联系，三日内予以解决，五日内回访一次，一个月内回访两次。

案例赏析

住户拒交维修费用，领导上门回访处理

【案例背景】

某大厦8楼一住户洗菜池下水管堵塞，电话委托管理处维修部门疏通。维修人员及时赶到现场。由于下水管堵塞严重，在8楼疏通不开，只能转到7楼，从下水管检查孔反向往上清疏。经过3个多小时的努力，管道彻底疏通了。疏通中从下水管里掏出不少沙子、白灰和油漆块，证明堵塞是该住户装修造成的。谁知当维修人员收取120元维修费用时，该住户以维修未使用任何材料为由，拒不交费，并振振有词地说，自己装修完刚入住，别的楼房都有一年保修期，他也应当住满一年后再交费。

情况反映到管理处，主管领导上门做工作。首先，征询该住户对维修人员文明用语、工作态度、维修质量的意见，他均表示满意。然后，耐心地向他解释入伙与入住、公用部位与自用部分的区别，并依据有关法规向其说明，大厦已入伙多年，早就不存在保修期，室内维修发生的包括人工费在内的所有费用，都要由业主（住户）承担，并在核对这次疏通下水管工作量的基础上，进一步申明收取120元维修费，已给予了相当的优惠。这位住户觉得主管说得有理有据、合情合理，便愉快地交付了维修费用。

【案例点评】

维修费用包括材料费用和人工费用等，业主以未使用维修材料拒绝交付维修费用的理由不成立。本案例中，下水管道维修范围处于业主室内，属有偿服务范围，其堵塞显然是业主装修期间，不按装修管理规定，对下水管道使用不当造成的，其责任完全应由业主承担。

至于业主提出的保修期问题，首先要弄清保修期时效的计算。房屋保修期的计算，是从业主办理入伙手续之日起计算时间，与业主入住到房屋的时间无关，因此，业主所说刚刚入住的理由也不成立。物业公司应根据业主办理入伙手续的时间计算保修期，依据实际情况酌情妥善处理。从物业管理的实际看，即使在市场已经相当发达的地区，也有相当一部分业主（住户）对物业管理法规缺乏足够的理解。物业公司应当善于利用多种渠道做好宣传工作，向业主（住户）普及物业管理法规知识。通过提高他们对物业管理的认知度，为物业管理服务的顺利实施铺路。本案例中，如果在弄清维修范围后，事先告知业主应收取的费用，就不会出现纠纷了。

第三节 客户投诉处理

问题01：业主（用户）为什么会对设备设施投诉

对设备设施方面的投诉，包括以下两个方面的内容：

（1）业主（用户）对设备设施的设计及质量感到不满，如：电梯厅太窄，候梯间拥挤，没有货梯，客货混运；房屋漏水，墙体破裂，地板起鼓等。

（2）对设备运行质量不满意，如：空调供冷不够，电梯经常停用维修，供电、供水设备经常出现故障等。

产生这方面投诉的原因，主要是业主（用户）所购买的物业管理服务与业主（用户）的期望有差距。业主（用户）支付物业管理费，希望能得到满意的物业管理服务，但设备设施的问题却无法满足他们的需求，于是便产生了投诉。

问题02：业主（用户）为什么会对管理服务投诉

业主（用户）对物业管理服务质量的评价来自七个方面，具体如表5-8所示。

表5-8　业主（用户）对物业管理服务质量的评价

方面	说明
安全	业主（用户）的财产和人身安全是否能得到切实保障
一致	物业管理服务是否达到了规范化、标准化，且具有可靠性
态度	物业管理人员礼仪、礼貌是否端庄得体，讲话是否热情和蔼等
完整	物业管理服务项目是否完善齐全，能否满足不同层次业主（用户）的需要
环境	办公和居住环境是否安静，人文气氛是否文明和谐等
方便	服务时间和服务地点是否方便，是否有便利的配套服务项目，如停车场、会所、自行车棚、邮局、托儿所等
时间	服务时间和服务时效是否及时、快捷等

当业主（用户）对以上这些服务质量基本要素的评估低于其期望值时，就会感到不满而投诉。

业主（用户）对服务质量的期望值来源于业主（用户）日常得到的服务感知和物业服务企业的服务承诺。当物业服务企业对某项服务“失常”时，如：管理人员态度恶劣，电梯运作出现小故障，维修人员未能尽快完成作业等，业主（用户）就会通过投诉来表达自己的不满；当物业服务企业的服务承诺过高时，业主（用户）也会因期望值有落差而提出投诉。

业主（用户）希望得到好的服务，而物业服务企业则希望服务成本最小化。这一矛盾集中反映在交纳费用这一敏感问题上。特别是有的小区居民虽然入住商品房，但认识还停留在过去的“福利房”阶段，对交纳管理费、支付维修费，还处于能拖则拖的状态；即使非常不情愿地交纳了各项费用，也可能会因一点点小事而投诉。

问题03：业主（用户）为什么会对突发事件投诉

这一投诉是停电、停水、电梯困人、溢水及室内被盗、车辆丢失等突发事件造成的偶然性投诉。这类问题虽有其“偶然性”和“突发性”，但由于事件重大，会给业主（用户）的工作和生活带来很大影响，甚至会危及生命财产安全，从而导致了投诉。

问题04：投诉者有哪些种类

投诉者的类别，有图5-2所示的三种。

职业投诉者

这些人不间断地以不同的理由进行投诉，希望通过这样的途径能直接或间接地获得更多经济上的收益或补偿，以及超高的服务水准。这类投诉的内容往往是小问题，但投诉者总是试图夸大

问题投诉者

在物业管理投诉项目中，绝大多数都属于这一类，他们对所出现的问题感到不满，但不想小题大做，只想将问题或不满通过各种有效途径反映出来，以求得到妥善处理

潜在投诉者

这类投诉者有合理的投诉事由，但出于某种原因的考虑并不想进行投诉，尽管有时也会向自己的亲朋好友“诉苦”或不间断地发牢骚、埋怨。此类投诉者只有在被“逼上梁山”时才会转为问题投诉者

图5-2 投诉者的三种类别

问题05：投诉者的心态有哪几类

每位投诉者的心态可能都不一样，只有了解了投诉者的心态，才有助于投诉的圆满解决。投诉者的心态，如图5-3所示。

求尊重

主要是指那些有身份地位、有财富及其他类型（如自我感觉良好等）的业主。他们往往口气大，来势猛，有时甚至还会大吵大闹，盛气凌人。他们力图通过这一系列行为向物业服务企业提示：你要关注我、尊重我、要不折不扣地为我办事等

求发泄

这种心态的业主，由于在工作上、家庭生活中受到不同程度的委屈，造成了心理上的偏差或不平衡，想通过对某一件小事投诉，发泄心中的郁闷或不快，以此来满足心理上的安慰

求补偿

“表里不一”是这种类型业主（用户）的明显特征。这种人来势往往不凶猛，来了以后并不是单刀直入，而是甜言蜜语、不断夸赞，弄得物业管理人员晕头转向，然后突然反转话锋，正式切入主题，目的是要获得经济上的补偿

求解决

业主（用户）确实遇到了问题，希望通过物业服务企业的帮助或协调来解决

图5-3 投诉者的四种心态

问题06：投诉处理时为什么要换位思考

处理投诉的过程中，必须以维护公司利益为准则，学会换位思考，以尊重业主（用户）、理解业主（用户）为前提，用积极诚恳、严厉认真的态度，控制自己的情绪，以冷静、平和的心态先安抚业主（用户）的心情，改变他的心态，然后再处理投诉内容。不能因为一个小小的失误导致投诉处理失败，从而引发一系列的投诉事件。

问题07：怎样区分有效投诉与无效投诉

客服人员要面对形形色色的投诉，假如把每件投诉都当作有效投诉，那么就算服务水准再高的物业服务企业也不合格。

因此，客服人员接受业主投诉时，在稳定业主（用户）情绪的情况下，必须对投诉事件加以甄别，区分有效投诉与无效投诉。有效投诉主要分为以下两种情况：

（1）业主（用户）对物业服务企业在管理服务、收费、经费管理、维修养护等方面失职、违法、违纪等行为的投诉。

（2）业主（用户）因物业服务企业管理处或管理人员故意、非故意造成业主（用户）或公众利益受到损害提出的投诉。

问题08：处理投诉为何要快速反应

投诉事件的发生具有偶发性，且业主大多是带着情绪而来，若处理不当，小则导致业主拍案大怒，引起其他业主围观，影响公司品牌形象；大则导致业主向新闻媒体报料，给公司造成极大的负面影响。这种情况就要求我们必须快速、准确地识别业主的投诉，快速反应并处理，具体要求如图5-4所示。

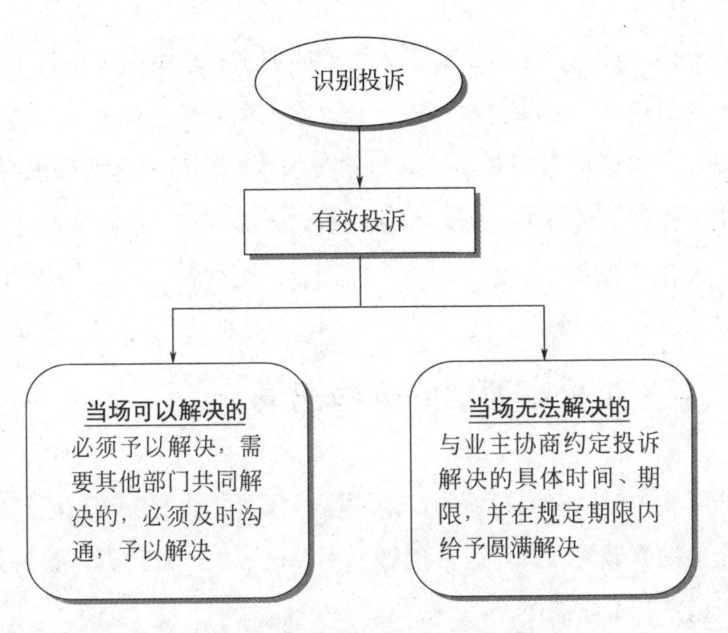

图5-4　快速反应并处理的要求

面对重大的投诉问题，一定要在第一时间内向上级反映，第一责任人要亲自处理，同时要正确把握好与新闻媒体的关系。

问题09：处理投诉时为什么要适度拒绝

对于业主的投诉，若是公司职权范围内的有效投诉，应按照业主投诉的有关规定进行处理；若为无效投诉，在时间、人员允许的情况，可以协助解决，否则应大胆拒绝，以免业主养成事事依靠物业服务企业的心理，给物业服务企业的日常治理工作带来诸多不便。

问题10：为什么要及时对投诉做总结

投诉在很多时候无法避免，若只满足于投诉处理过程的控制，而不注重事后的跟踪及投诉案例的分析、总结、培训，同类投诉事件仍会继续发生。

如此周而复始，对物业服务企业失去耐心的业主将从侧面传播公司的负面新闻，导致公司声誉、品牌受损。古人云：吃一堑，长一智。今天的总结、改进、培训，一方面可以提高相关人员的技术水准；另一方面可以减少投诉，为下一步工作打下良好的基础，并在此基础上提升客户满足度，增强公司竞争力，扩大公司品牌知名度。

问题11：投诉处理要填好哪些记录

在处理业主（用户）投诉时，为了明确权责，让业主（用户）感受到物业服务企业的真诚与认真，就必须做好相关记录。一般而言，投诉处理的相关记录有以下几个方面：

1.业主（用户）投诉记录表

当接到业主（用户）投诉时，接待人员首先要代表被投诉部门向业主（用户）的遭遇表示同情，并在“业主（用户）投诉意见表”中做好详细记录。记录内容如下：

（1）投诉事件的发生时间、地点。

（2）被投诉人或被投诉部门。

（3）投诉事件的发生经过（简单明了地叙述）。

（4）业主（用户）的要求。

（5）业主（用户）的联系方式。

2.投诉统计与分析

对业主（用户）的投诉，一般应分半年和年终进行分析总结。对反复出现的问题，应组织有关部门和人员进行深入的探讨，并找出切实的解决办法，防止重复发生。

案例赏析

业主投诉夜晚噪声扰人

【案例背景】

一日凌晨四点，某山庄维修员工在睡梦中被急促的敲门声叫醒，原来是19栋201房的业主投诉地下室水泵发出的低频噪声和水锤的撞击声，使他们无法入睡。

维修班长马上到业主家中及水泵房进行实地检查，发现投诉属实，当即采取临时补救措施：停小泵，用大泵，先消除水锤的撞击声，让业主当晚有一个较好的睡眠环境，第二天再想办法给予彻底解决。

第二天一早，管理处便给开发商发出工作函，并与公司相关部门联系，请求协助。经过专家分析讨论，并结合以往的经验，决定采取以下措施：第一，将稳压泵的止回阀改为消音式；第二，在所有管卡和管道与墙体连接处做隔音处理；第三，在水泵房做隔音层。

整改方案完成后，经再三测试，水锤撞击声基本消除，低频噪声虽然降低了很多，但仍然不够理想。为了彻底解决这一问题，公司工程技术人员经过几天的仔细研究，认为再给水泵做一层隔音效果会更好。于是维修部门自己动手，做了一个大木箱，将稳压泵罩住，结果水泵的噪声降到了最低的限度。

困扰了多日的噪声消失了，业主露出了满意的微笑。

【案例点评】

在本案例中，真正体现了物业公司“业主至上、服务第一”的工作宗旨和“严格苛求、自觉奉献”的工作精神。

第四节　客户关系维护

问题01：客户资料的内容有哪些

客户资料的内容主要有：

（1）基本资料：包括客户的姓名、性别、年龄、学历、户口所在地、祖籍、政治面貌、出生日期、通信地址、联系电话、紧急通信方式、婚姻状况、所属单位名称、职务、家庭（公司）主要成员、家庭（公司）常住人口数等。

（2）物业资料：包括客户类型、使用性质、房号、房屋面积、按揭方式、入住（入租）时间、水电表编号等。

（3）车辆资料：包括拥有车辆的数量、型号、特征、车牌号码、停车位办理等。

（4）消费资料：包括楼款交纳及按揭办理情况、各项入住费用交纳情况、管理费用交纳情况、水电费用交纳情况、装修保证金及所得税交纳情况、购买配套产品（如门禁卡、会员卡、报警系统等）情况等。

（5）个性资料：包括客户的兴趣爱好、身体特征、文艺或体育特长、生活习惯、宗教信仰、生活禁忌等。

（6）房屋修缮记录。

（7）曾经要求过的特约服务记录。

（8）以往的投诉和建议情况。

（9）参与社区活动记录及曾经获得过的荣誉。

（10）发生突发事件的记录。

（11）使用物业过程中的违规记录。

（12）家庭主要成员的健康档案。

问题02：可通过哪些途径收集客户资料

客服中心应通过图5-5所示的四种途径取得客户资料并建立客户档案。

途径一	入住前通过开发商销售部门取得，如“前期物业管理协议”“购房合同”复本以及房产证办理情况、楼款交纳及按揭办理情况、销售承诺等
途径二	在客户办理入住手续时取得，如身份证（或暂住证）复印件、“业主公约”“业主登记表”“委托银行收款协议”“停车位租赁合同”“二次装修申请表”、业主本人及家庭主要成员照片等
途径三	通过日常不间断的观察和记录取得，如“房屋租赁合同”复印本、“客户请修流程单”“客户投诉受理登记表”等
途径四	定期统计和分析取得

图5-5　客户资料收集的四种途径

问题03：怎样对客户资料进行分类管理

1.分类方法

客户资料必须按照如下顺序进行分类：

（1）按照物业的使用性质（住宅、办公、商业等）分类。

（2）按照物业的楼栋及层数分类。

（3）按照客户的类型（业主、租户）分类。

2.管理

（1）客户资料应根据物业的产权归属分别独立建档。

（2）档案分类和组卷必须规范，同时要建立检索目录，便于调用和查阅。

问题04：如何确保客户资料得到有效使用

管理处应充分利用客户资料信息，努力提供个性化和差异化的物业管理服务。通常在图5-6所示的情况会用到客户资料。

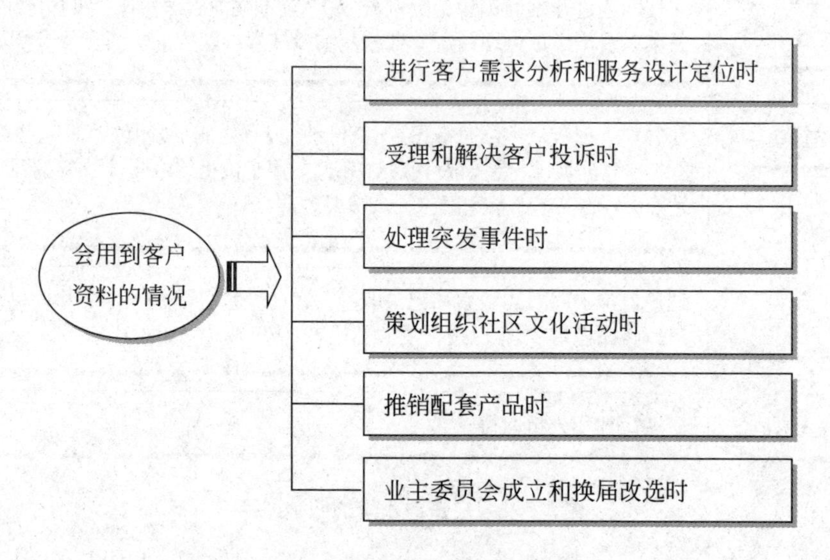

图5-6　会用到客户资料的情况

问题05：如何对客户资料归档和清理

（1）客服人员负责客户资料的收集、整理及档案的保管。

（2）客服人员应养成注意观察和随时记录的良好习惯，使客户资料不断丰富和完善。

（3）客户资料的归档必须采用双轨制：即保存原始资料和电脑录入。

（4）每年底对客户资料进行一次清理，剔除无用和多余的资料，并将留存的资料分类后装订成册，同时录入电脑。

（5）档案柜应上锁，并做好防火、防盗、防潮、防虫、防光、防尘和防鼠等措施，有效保证客户资料的安全。

（6）没有管理处经理授权，客户资料不得外借。客户资料在调用过程中不得随意涂改，不得遗失或损坏，客户隐私不得向外人泄露。

问题06：哪些客户是物业服务企业的重要客户

以下所列客户是物业服务企业的重要客户：

（1）业主本人或家人在政府机关／新闻媒体工作，或在与管理处日常工作有密切联系的区或下级相关政府单位工作。

（2）小区业主委员会成员和社区内各社团组织的主要负责人。

（3）居住在小区的本企业内部员工。

（4）小区内的重点投诉客户。

（5）小区内的大客户，包括学校和商户。

问题07：如何特别关照关键客户

对物业小区内的关键客户要予以特别关照，具体操作步骤如表5-9所示。

表5-9　对物业小区内关键客户特别关照的操作步骤

序号	操作步骤	说明
1	关键客户确定	以下客户可以确定为物业服务企业的关键客户： （1）占物业区域总面积5%以上的客户或单位客户代表 （2）业主委员会委员 （3）业主委员会筹备小组成员 （4）非常热心参与物管服务工作，在客户中具有一定号召力的客户 （5）对开发商、物业服务企业有成见的客户 （6）有特殊需求的客户，包括长期需要医疗仪器维持生命的客户、独居的残疾和年老体弱客户
2	分析关键客户的情况	管理处必须收集、整理、分析关键客户及其家庭成员的资料，应当根据客户个人特点及需求，确定维护关键客户关系的方式，在分析关键客户需求时应关注以下几个方面：

续表

序号	操作步骤	说明
2	分析关键客户的情况	（1）关键客户的年龄、家庭背景和家庭成员 （2）关键客户的受教育程度、工作单位和大致的工作履历 （3）关键客户的特长和业余爱好 （4）有特殊需求的客户的病史、所使用医疗设备的特点等 （5）独居的残疾和年老体弱客户的生活、出行特点及具体困难等
3	与关键客户的日常沟通	（1）管理处经理必须每月与关键客户沟通一次，并填写“客户沟通记录表” （2）遇到重大节日或关键客户生日，管理处应当专门表示祝贺 （3）管理处应当对关键客户提供必要的辅助性服务
4	关键客户意见的处理	（1）要重点关注关键客户的要求和建议，在不违反相关法规的基础上，尽可能满足客户的要求，并在3个工作日内给予答复 （2）在处理关键客户的要求时，应当掌握关键客户的真实想法和动机，采取措施，消除不稳定因素；必要时可以考虑其家庭成员的因素，或寻求其工作单位的支持，也可以联系辖区居委会、派出所等政府机构寻求帮助 （3）对长期需要医疗仪器维持生命的客户，不管发生什么情况下的停水和停电，客服中心都必须提前派专人上门通知，如有需要，应当采取措施保证病人维生设备的正常运行 （4）对独居的残疾和老年客户，管理处客户中心应当对其生活起居、出行等方面给予亲切、细致的人性化关注

问题08：怎样深入了解业主的需求和期望

客服中心可以采用表5-10所示的方法了解业主的需求与期望。

表5-10　了解业主需求和期望的操作步骤

序号	操作步骤	说明
1	业主满意度调查	为了了解业主对物业服务企业所提供各项服务的评价，从而有针对性地改进服务质量，物业服务企业必须定期对业主进行满意度调查

续表

序号	操作步骤	说明
2	重点业主调查	重点业主指拥有较大物业或知名度较高的业主，如小区内的企业住户、业主委员会成员、律师、高校教师等。由于重点业主的需求和期望一般都具有代表性，公司应采用面谈的方式去了解他们的意见，也可定期与业主委员会共同研究改善服务的途径
3	管理人员与业主直接接触	管理人员高度重视业主的期望，是带动服务人员重视业主期望的重要保证。因此，管理人员应主动观察服务情况，与业主直接交往，体验业主经历，甚至亲自从事面对面的服务工作，了解业主的需求
4	鼓励一线员工反映情况	一线员工与业主直接接触，最能了解业主的需求与期望。因此，加强内部沟通是管理人员了解业主的有效办法
5	业主投诉分析	业主投诉为公司详细了解业主需求和期望提供了极好的机会，因此，管理人员应理顺、维护投诉渠道，如设立客户服务电话、意见卡、建议箱等，并定期对投诉的内容进行归类和分析

问题09：怎样利用公告、通知类文书与业主沟通

利用公告、通知类文书与业主沟通，要注意表5-11所列事项。

表5-11　利用公告、通知类文书与业主沟通的要点

序号	要点	说明
1	安装统一布告栏	发布日常布告通常以书面形式为主。在以居住为主的小区内，可将布告张贴在小区主要出入口、每栋住宅楼的一楼大堂或电梯前厅。布告栏应制作精美、大方，与周围环境相映衬，以此保证小区内公共场所的美观。对于商业楼宇物业而言，可将布告分发到各单位或投入到信箱内
2	布告形式要规范	物业服务企业向业主（用户）发布的日常布告主要有通知、启示、通告、提示、简讯等。无论哪一种形式，都属于公文的一种，格式要规范

续表

序号	要点	说明
3	一个信息一个布告	为使业主（用户）在最短的时间内得到准确的信息，最大限度地降低信息的流失，发布时应注意，布告内容要单一，要避免多个不同内容出现在同一布告内；布告的语言要简练明确，布告的篇幅要短小精悍
4	语言要灵活	不同的语言表达可表现出发布者的不同态度，因此，为使业主（用户）能更准确地接收信息，布告的语言要灵活
5	版面应严谨	在以居住为主的小区内，由于布告对象较多，管理人员应注意布告版面的严谨。对于纸张的大小、字体类型及颜色等都应做统一规定
6	文稿符合礼仪规范	物业管理人员在拟订布告文稿时，应使用符合规范的礼貌用语。另外，无论发布何种类型的布告，都应始终保持尊敬的语气，决不能使用过分批判甚至侮辱性的文字。如确有必要批评业主（用户），也应使用婉转或较易接受的措辞

问题10：业主恳谈会有哪些种类

物业服务企业在积极运用信函、公告等沟通方式的同时，再采取恳谈会的方式进行沟通，则会使沟通直接、明了且具有平等性。业主恳谈会的种类如表5-12所示。

表5-12 业主恳谈会的种类

序号	种类	说明
1	邀请式	由物业管理处向业主管理委员会及业主（用户）发出通知，召开恳谈会。管理处针对物业管理服务中出现的重大问题或事项（如物管费的核定及收取、治安管理、水电费代收代缴等），需要征求广大业主（用户）的意见，并基本形成统一认识时，就可以向业主管理委员会负责人提出召开恳谈会的要求。这种形式对管理处来说，属较为正常的工作程序，管理处有充分时间准备，会议的效果一般都比较好

续表

序号	种类	说明
2	应接式	业主管理委员会针对社区管理服务中存在的问题，向管理处提出如召开会议。管理处在遇到这种情况时，必须认真对待，尽可能及时召开恳谈会。同时要针对有关问题进行调查了解、收集情况、分析研究、提出整改措施或具有充分的解释意见，并形成文字依据
3	汇报式	即管理处按照正常程序，定期或不定期报告物管工作并请业主管理委员会审议或知晓的会议形式。通过这种恳谈会，可以使业主（用户）了解物业管理的工作内容、政策法规、物业管理处付出的劳动，以及物业管理各项费用的收支、目前存在的经费困难等，以达到相互理解、相互支持的目的。特别是应定期公布财务账目，自觉接受业主监督，真正做到取之于民、用之于民，最终赢得业主（用户）的信任。另外，对个别拒交物管费用的业主（用户），也可以借助业主恳谈会的力量予以解决

问题11：如何开好业主恳谈会

要开好业主恳谈会，必须做好表5-13所列的工作。

表5-13　开好业主恳谈会须做好的工作

序号	种类	说明
1	做好会前准备	拟定恳谈会议题、收集有关数据资料、与业主管理委员会成员进行沟通达成共识、下发通知、布置会场等
2	引导控制会议	（1）要力求使会议气氛和谐、议题明确 （2）要随时掌握中心问题，尽量减少偏题现象 （3）要善于协调关系、化解矛盾、合理配置会议时间 （4）要注意原则性与灵活性的统一，动之以情、晓之以理
3	形成会议决议	（1）每次会议必须形成结论性意见，并以书面形式归档；重要会议或特殊议题，还必须请业主管理委员会会员签字认可 （2）要尽快把会议决议向广大业主（用户）公布

问题12：哪些邻里纠纷要积极化解

常见的邻里纠纷有：

（1）养宠物（常见的宠物有狗、鸟、鸽子）。

（2）在楼道及商业街乱摆放。

（3）违章搭建。

（4）晨练和打麻将的噪声。

（5）业主家人捡垃圾。

（6）高空抛物。

处理类似邻里纠纷问题，一般耗时较长，应填写“邻里纠纷处理记录表”，详细记录处理过程，居委会、业委会等相关人员参与情况，以便查阅，还可以防止相关部门或人员认为物业服务企业不作为。

问题13：如何与业主委员会进行有效沟通

业主委员会的角色是独特的，因为委员们都来自业主，也都了解业主们的心态，知道如何处理一些棘手的事；而且委员们来自社会的各行各业，有丰富的社会经验和高超的处事技巧。物业管理人员在日常工作中要与之进行有效的沟通，以获得他们的支持与帮助，具体的沟通技巧如下所示：

1. 角色转换

在与业主委员会的交流和沟通中，物业管理人员要给予业主委员会足够的尊敬，要让他们有发言权和用武之地。

由业主委员会出面解决某件事情，业主的心情可能就会不一样，因为委员们生活在广大的业主中间。委员们对业主的了解和业主对委员们的信任是同等程度的，有了这种天然联系，业主委员会作出的决定很容易为广大业主所接纳。

2. 合作与独立

合作是一门学问，合作中讲究妥协和理解。管理处和业主委员会应该保持各自独立的存在和独立的特性，两者应既特立独行又形影不离。

案例赏析

物业服务企业与业主委员会合作维权成功

【案例背景】

小区隔壁的一个单位，在围墙边建造了一个厕所，环境卫生和气味直接影响到了小区的居民，对此，业主反响很大。物业服务企业曾多次到隔壁单位协调处理，跑断腿、磨破嘴，但无济于事。有些业主对物业服务企业有意见，认为物业服务企业没尽到协调义务。于是物业服务企业找到小区业主委员会，希望得到业主委员会的帮助，大家共同努力解决。小区业主委员会带领小区广大业主，在物业服务企业的配合下，开展了一场声势浩大的维权活动。经过多次交涉，隔壁单位终于拆除了厕所，还了小区业主一个空气清新、卫生清洁的环境。

【案例点评】

物业服务企业和业主委员会始终保持良好的沟通，许多问题都会顺利得以解决。其实，对于一个小区的业主委员会和物业服务企业来说，两者的关系应该是双赢的，他们都是为了落实物业管理委托合同，为业主提供更好的物业服务，他们是共生、共利、共同协作的督导关系。两者虽然所处位置不同，但共同建设一个和谐社区、保证全体业主安居生活的最终目的是相同的。

第五节 社区文化建设

问题01：社区文化包含哪些内容

社区文化的表现形式是典雅、舒适的环境，自由、和谐的气氛，安全、有序的交通管理，方便、快捷的通信信息和人人身体力行的文明言行。因此，社区文化大致有图5-7所示的内容。

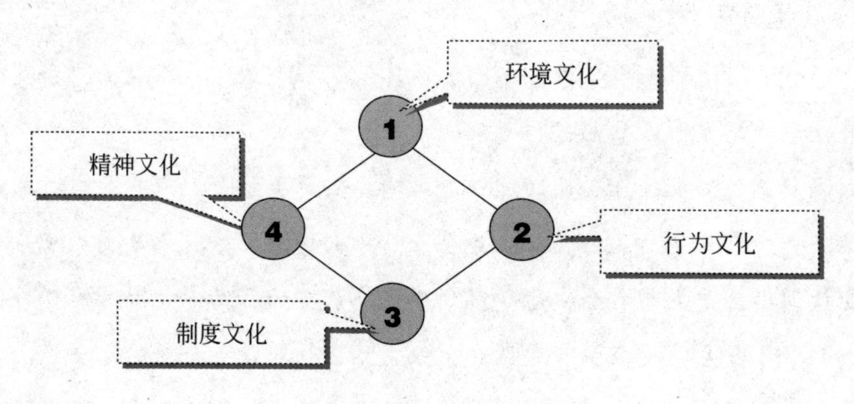

图5-7 社区文化的内容

1.环境文化

社区环境是社区文化的第一个层面。它是社区成员共同创造维护的自然环境与人文环境的结合，是社区精神物质化、对象化的具体体现。它主要包括社区容貌、休闲娱乐环境、文化设施、生活环境等。

通过社区环境，可以感知社区成员的理想、价值观、精神面貌等外在形象。如残疾人无障碍通道设施可以充分体现社区关怀、尊重生命、以人为本的社区理念。当然，怡人的绿化园林、舒心的休闲布局、写意的小品园艺等都可以营造出理想的环境文化氛围。现在很多社区积极导入环境识别系统（EIS），用意也基于此。

2.行为文化

行为文化也可以称为活动文化，是社区成员在交往、娱乐、生活、学习、经营等过程中产生的活动文化。通常所说的社区文化都是指的行为文化。这些活动实际上反映了社区的社区风尚、精神面貌、人际关系等文化特征。

比如，儿童节晚会、国庆节联欢会、广场交响音乐会、元旦千人舞会、重阳节文艺汇演、趣味家庭运动会、游泳比赛、新春长跑等。

3.制度文化

制度文化是与社区精神、社区价值观、社区理想等相适应的制度、规章、组织机构等。同时，这些制度等对社区文化持久、健康地开展具有一定的约束力和控制力。

制度文化可以粗略地分为两大类：一类是物业服务企业的各种规章制度，另一类是社区的公共制度。企业的规章制度和社区的公共制度都可以反映出社区价值观、社区道德准则、生活准则等。如，奖罚分明可以体现在社区的严谨风格，规劝有加可以体现出社区的人性感悟等。

为保障社区文化活动深入持久地开展下去，现在很多小区物业管理部门都成立了专门的社区文化部，负责社区文化活动的建设工作。社区文化部通过引导、扶植，成立了各种类型的社区文化活动组织，如老年活动中心、艺术团、协会、表演队等，同时还对社区文化活动开展的时间、地点、内容、方式、程序等加以规范。

4.精神文化

精神文化是社区文化的核心，是社区独具特征的意识形态和文化观念，包括社区精神、社区道德、价值观念、社区理想、行为准则等。这是社区成员精神观、价值观、道德观生成的主要途径。环境文化、行为文化、制度文化都属于精神文化的外在体现。如社区升旗仪式、评选文明户、学雷锋演讲等。由于精神文化具有明显的社区特点，所以，往往需要多年积累，逐步形成。

问题02：如何整合社区文化资源

社区文化的建设仅靠表面和有形的资源是远远不够的，还需要整合、利用社区内外各种文化资源来共同为社区居民服务。

1.社区自身资源的整合利用

开展社区文化建设时，应注意充分利用自身的现有资源，如会所、图书馆等现有文化设施，这样既可以减少成本支出，又可以通过聚集人气，使社区设施得到充分有效的利用，还可以带动会所等的经营，形成互动双赢的局面。

同时，还应充分利用社区业主的资源。一方面，鼓励业主参与社区文化的组织建设，另一方面，借用业主社会身份所享有的资源，如场地、活动赞助等，使社区文化建设达到事半功倍的效果。

2.企业内部资源的整合利用

社区文化建设定位是物业的核心竞争力之一，因而，在组织运作方面，必须有明确统一的战略性和系统性，具体要求如图5-8所示。

要求一	应建立专职运作机构，负责全公司整体社区文化建设的规划和开展。还可以组建智囊团（社区文化工作组）辅助该机构
要求二	每年制订社区文化年度工作计划，各部门开展社区活动应由该机构统一批准。实行全局计划性的宏观调控工作，确保各部门工作按照公司统一方向推进
要求三	应统一进行宣传，简化单次宣传活动的工作量，可在一定程度上节省宣传工作的人力、财力、物力，对小区社区文化氛围营造具有统一、持续的作用

图5-8 物业服务企业内部组织运作社区文化建设的要求

3.社会资源的整合利用

业主的兴趣爱好丰富多彩，社区文化的建设也应该多彩多姿。但物业服务企业在这方面的专业度及资源调配能力存在明显的不足。因此，物业服务企业应善于做“集成商”——依托丰富的客户资源，对各方面的社会资源进行整合利用。

比如，与专业旅行社合作开办夏令营、特色旅游；与美容机构合作举办女性知识讲座；与健身机构合作举办健身训练等。

同时，对于某些在专业上无法直接合作的单位，可以赞助、协办的形式介入社区活动，以补充社区文化建设的经费。

4.社区文化活动场地资源的利用

开展社区文化活动必须要有场地，硬件设施是社区文化活动的基本保障。

（1）场地的来源，首先要求规划设计部门将社区文化活动的场地、设施纳入规划；物业服务企业在前期介入阶段要积极争取、合理建议。

（2）小区交付使用后，物业管理单位在资金许可的情况下，还要有计划、有步骤地对社区文化设施加以完善。

（3）条件不够的，要尽可能地提高文化设施的利用率，充分发挥露天广场、庭院、架空层的作用，要做到大活动有地点，小活动有场所。

（4）物业服务企业还应动员常驻社区的企事业单位及机关、学校，将其文化设施对社区成员开放。

5.社区文化活动的资金来源

社区文化活动的开展需要一定的资金支持。资金的来源主要有图5-9所示的几个方面。

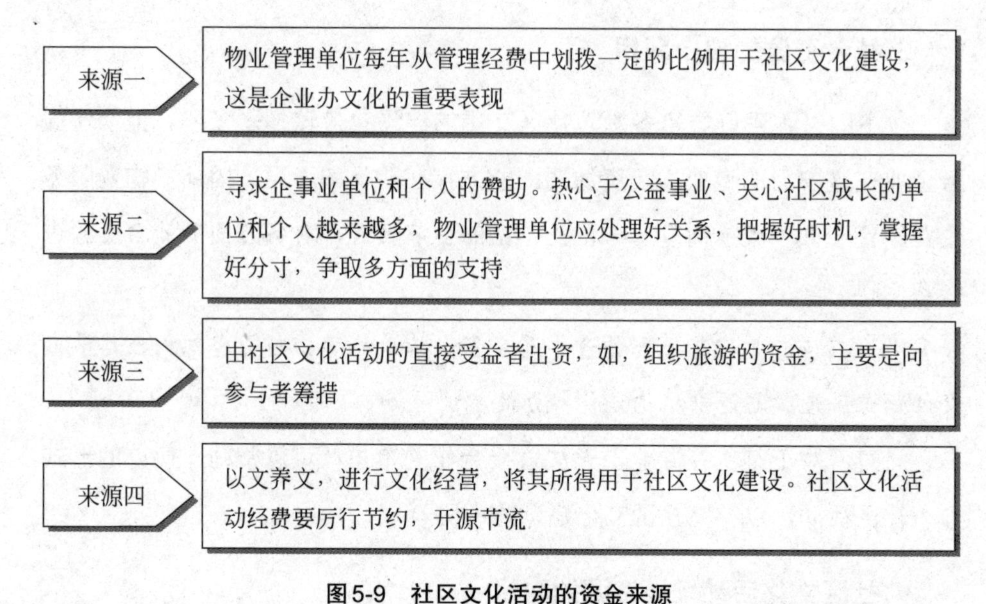

图5-9　社区文化活动的资金来源

问题03：社区文化建设的原则是什么

严格地说，社区文化建设是一项系统工程，物业服务企业组织开展社区文化建设必须遵循一定的原则，讲究一定的方法，这样才能有成效。一般来说，社区文化建设应遵循图5-10所示的原则。

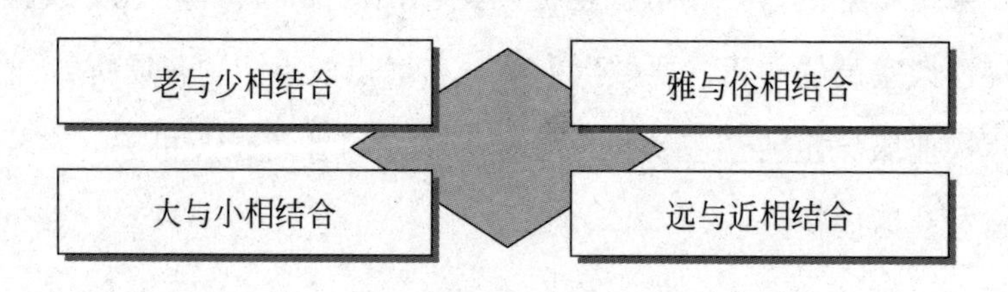

图5-10　社区文化建设的原则

1.老与少相结合

老与少相结合是指社区文化建设应该抓住老人与儿童这两个大的群体，来带动中青年人参与社区文化活动。这种抓“两头”促“中间”的做法是由老人与儿童的特点决定的。

首先，社区成员中老人和儿童所占的比例较大，在很多小区，他们的比例占总人口的一半以上，这一群体自然要受到关注和重视。

其次，参与社区文化活动必须要有充裕的时间。现代都市节奏加快，迫于竞争的压力和生存的需求，中青年人的大部分时间都用于工作和围绕工作所进行的学习、交往，没有太多的时间和精力参与社区文化活动；相反，老人和孩子的时间比较宽裕。特别是老人，除了日常家务之外，有充足的时间参与社区活动。

再次，参与社区文化活动必须要有强烈的需求。中青年人当然也有，但是他们的渴望被繁杂的事务所限制，需求成了深层次的期盼；而老人和孩子的需求是直接的、显在的，只要有环境，就可以实现。

最后，社区是老人和孩子实现文化需求的最主要的场所，他们的文化更具有区域性，对区域的关注和依赖远胜过中青年人。中青年更多的要参与区域外的文化实践，音乐厅、舞厅、咖啡屋等可能是其主要活动区域，因此要积极地扶植、引导、组织。

2. 大与小相结合

这里说的“大”是指大型的社区文化活动，需经过专门的精心策划组织，参与者众多，影响面广，如体育节、艺术节、文艺汇演、入住仪式、社区周年庆等；“小”是指小型的社区文化活动，是指那些常规的、每日每周都可能开展的、又有一定组织安排的社区文化活动，如每日的晨练、休闲、娱乐等。大活动和小活动要合理搭配，合理安排，大活动不能没有，也不能过于频密。缺少大的活动，或大活动的影响面窄、影响力小，社区文化建设的进程就会减慢，社区文化氛围也会减弱。一般大的活动以2～3个月一次为宜。

小的活动要经常开展，琴棋书画、天文地理、娱乐游戏、吹拉弹唱等都可以形成兴趣组织，渐进式地渗透发展。小活动的组织要充分利用已有的资源，尽可能地节约开支，并且注意不要出现噪声扰民的情形。大小活动合理搭配，形成节奏，小活动时间长了也会演化成大活动。

3.雅与俗相结合

所谓雅与俗相结合，是指社区文化活动应当注重社区成员不同层面的需求，社区文化活动忌讳单调乏味，如果总是"炒剩饭"，再多的活动也不会提起社区成员的兴趣，甚至会影响到社区成员对社区其他服务项目的评价。社区文化活动也应该百花齐放，满足不同层次的兴趣爱好，兼顾不同类型的文化品味。这就要求物业服务企业要充分做好社区文化调查工作，真正摸清社区成员在想什么，需要得到什么样的文化服务，愿意参加怎样的社区文化活动。

比如，家庭卡拉OK比赛、迪斯科表演、秧歌、腰鼓、交响音乐会、旅游、书画珍藏品展、国际编队舞等。

当然，社区文化之雅也不能曲高和寡，那样会失去文化的群众基础；俗也不能俗不可耐，那样会导致社区文化的畸形发育。所以，社区文化的开展一定要做到雅俗共赏，不温不火。

4.远与近相结合

这里的"远"是指组织开展社区文化建设要有超前的意识，要有发展的眼光，要有整体的目标；"近"是指要有短期周密的安排、落实和检查。社区文化对塑造社区精神、引导生活方式等方面具有极其重要的作用。

物业管理单位被誉为新生活方式的"领航者"。随着人们生活水平的提高和社会的不断进步，社区成员的价值观念、消费观念等都在悄悄地发生着变化。物业服务企业应把握时代的脉搏，以敏锐的目光洞察社区将要面临的变化，超前一步为住户提供服务。社区文化活动的开展要有预见性、领先性。

比如，随着知识经济时代的到来，住户已不再满足单纯的吹拉弹唱等娱乐形式，社区文化已从娱乐型向科技知识型发展。

社区文化建设要有长远的规划，对社区文化开展的效果等要进行预测分析。在此基础上的短期安排也非常重要，每一次大型活动事先都要有计划，事后都要有分析。只有对社区文化活动的开展过程进行有效的控制，才能真正做到切实可行，行之有效。

除了上述几个原则之外，社区文化活动还要做到教与乐相结合、虚与实相结合、内与外相结合等。

问题04：社区文化建设的方法有哪些

作为物业管理的重要内容之一，社区文化开展得好与坏，不仅可以直接反映出物业服务企业的管理水平，还能够综合反映小区的形象和精神风貌。因此，物业经理要切实抓好社区文化建设，除了应该依法依约履行自己应尽的职责，提高专业服务水平，还应该站在履行社会责任和为行业长远发展创造有利条件的角度，大力支持并积极投身社区文化建设，具体方法如图5-11所示。

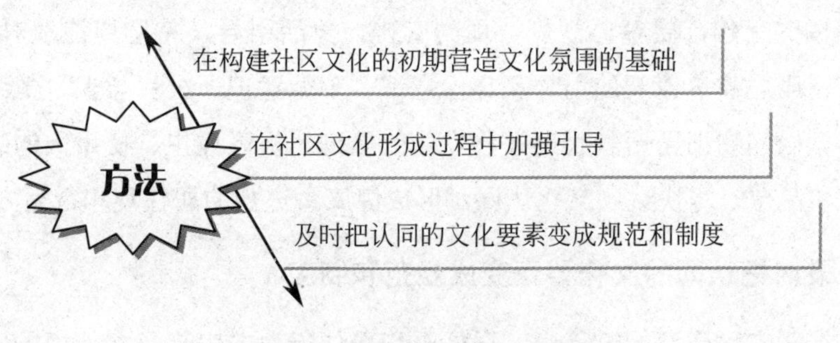

图5-11　社区文化建设的方法

1.在构建社区文化的初期营造文化氛围的基础

现代城市中，单位人日益向社区人转化，而居住在小区的业主，多数之间互不认识，住户间的交往与了解非常少，缺乏单位同事间那种互信合作的基础，加之业主、使用人文化背景的多样性，无疑会给文化认同造成很多困难。因此，必须创造尽量多的机会，让业主、使用人以及他们的家庭成员之间增加沟通，了解彼此之间的文化背景，逐渐达到文化的认同，产生互信，增进合作。

物业服务企业作为小区共有共用物业的管理者、公共服务的提供者，在调动社区资源、组织文化活动等方面处于有利的地位。因此，物业服务企业要因势利导，有计划、有目的地组织社区文化活动，拓展业主、使用人接触、交往的渠道与空间，开展丰富多彩、居民乐于参与的各种活动，如举办各种晚会、演唱会、趣味运动会和主题文化节等，为业主、使用人之间增加交流、交往的机会，让他们彼此间能充分了解对方的文化背景、爱好与习惯，打下互信互助的基础，逐渐形成对社区的依赖感、归属感。

2.在社区文化形成过程中加强引导

由文化认同而形成的居住观，才是居住社区文化的核心。各种文娱体育活动仅是社区文化形成的催化酶，社区文化建设还应向充实内涵的方向发展。这方面的工作细致而艰巨，又经常不能起到立竿见影的效果。

物业服务企业一定要从大局和长远的角度出发，把其看成是与主营业务相辅相成的工作，要精心规划、周到安排、灵活引导，特别要注意对业主、使用人健康居住价值观的引导和环保意识、公德意识、公民意识、契约意识的培养。以润物细无声和长期潜移默化的影响，提高业主、使用人的综合素质和文化品位，尽快达到文化认同，形成健康、进步的居住观和行为方式。

3.及时把认同的文化要素变成规范和制度

在社区文化建设的过程中，居住观和居住行为的表现是多方面的。各种文化要素要经历一个逐渐被认同的过程，时间较长。因此，物业服务企业对业主、使用人认同的文化要素应及时总结，形成适应自身社区需要的规范和制度，这样才能使认同的文化要素固定下来。这些规范和制度包括各种管理制度、行为准则、风俗习惯等，是业主、使用人形成自我控制、自我约束、自主治理的良好基础。

问题05：社区文化的硬件建设有哪些

社区文化的硬件部分，应该包括图5-12所示的内容。

内容一	会所，包括篮球场、网球场、羽毛球场、健身房、清吧、茶艺馆、棋牌室、游泳池、乒乓球室、阅览室等
内容二	公共场地，包括公共绿地、道路、大堂、走廊等
内容三	室外健身场所，包括室外健身器材、健身路、室外操场等
内容四	公司配置一整套专业的音响和舞台，可以提高社区文化活动的专业性

图5-12 社区文化硬件建设包含的内容

对于会所，应该尽可能地利用，并加强现代化管理；对于公共场地，则宜挂一些名人名画，营造一种浓郁的文化氛围；对于室外健身场所，则应该加以适当引导，形成正确的、自发性的健身氛围。总之，对于社区文化的硬件，应该重在利用，工作重点应该放在社区文化的软件建设上。

问题06：社区文化的软件建设有哪些

软件建设是社区文化建设的中心组成部分，它包括一系列的活动计划、实施效果及相关管理制度、管理处人员的服务精神、各项活动筹备人员的组织协调能力、居民的参与配合及对公益活动的热心程度。

根据社区文化的活动形式、活动风格，社区文化软件的内容可概括为图5-13所示的五个部分。

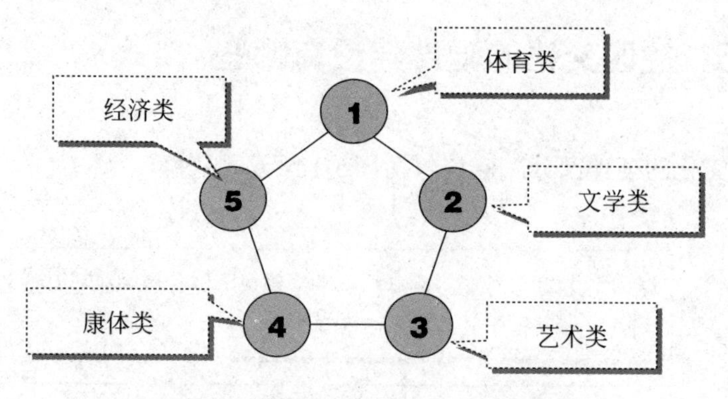

图5-13 社区文化软件建设包含的内容

1.体育类

体育类社区文化的目的，在于通过倡导体育健身的精神，利用小区的各种资源，引导小区全体住户参与体育锻炼，形成各种自发性组织，从而形成积极、健康、活泼、向上的小区精神。体育类的社区文化适合于任何住宅小区，而且效果明显，影响面广。具体的体育类社区文化活动，包括图5-14所示的内容。

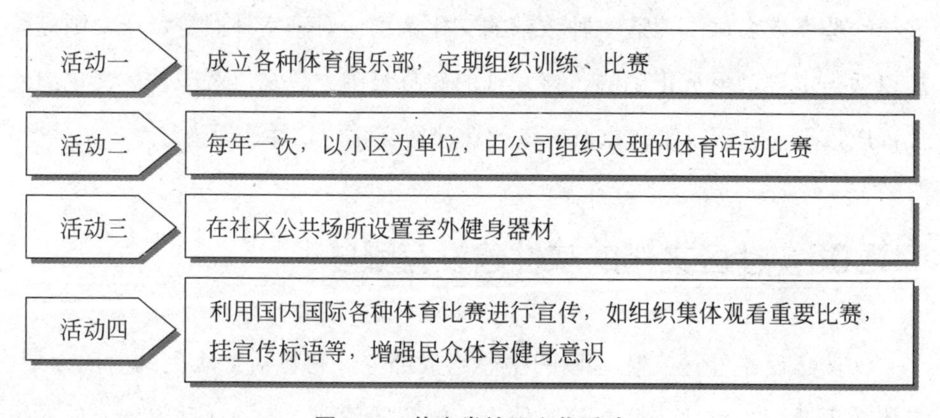

图5-14 体育类社区文化活动

2.文学类

文学类社区文化的定位比较高，主要是利用小区中素质较高的人，来组织一些兴趣小组，在这些兴趣小组的带动下，不定期举办一些文学活动，从而吸引更多的住户前来参加，并通过举办各种文学活动，提高参加者的文学素养和兴趣，最后形成富有特色的小区文化氛围。具体的文学类社区文化活动，包括图5-15所示的内容。

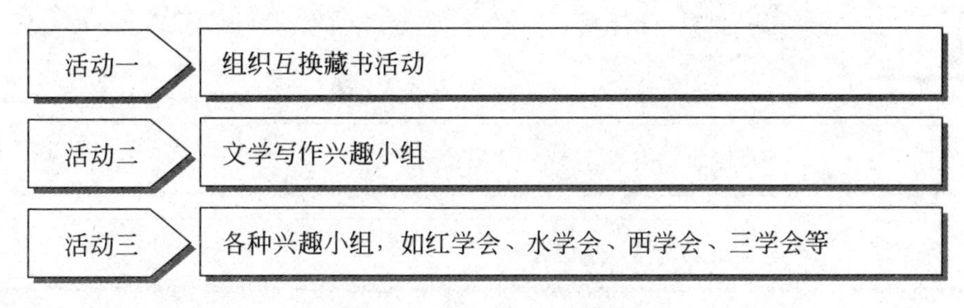

图5-15　文学类社区文化活动

3. 艺术类

艺术类社区文化是内容最广泛，运用最多的一种形式，主要通过各种俱乐部的活动来带动全体住户参与到社区文化活动中来，并形成若干自发性组织。这类社区文化适合于任何住宅小区，其主要活动，如图5-16所示。

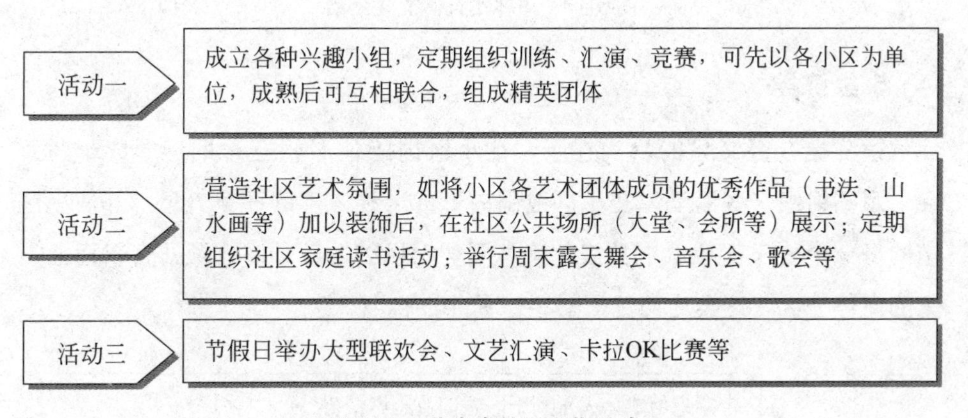

图5-16　艺术类社区文化活动

4. 康体类

康体类社区文化是最具有社会效应的，不仅可以带动小区住户参与各种社区活动，形成一种生活模式，还可以为小区的周边带来一些服务。正因为有良好的社会效应，康体类活动异军突起，在社区文化中占据了一席之地。这类活动包括图5-17所示的内容。

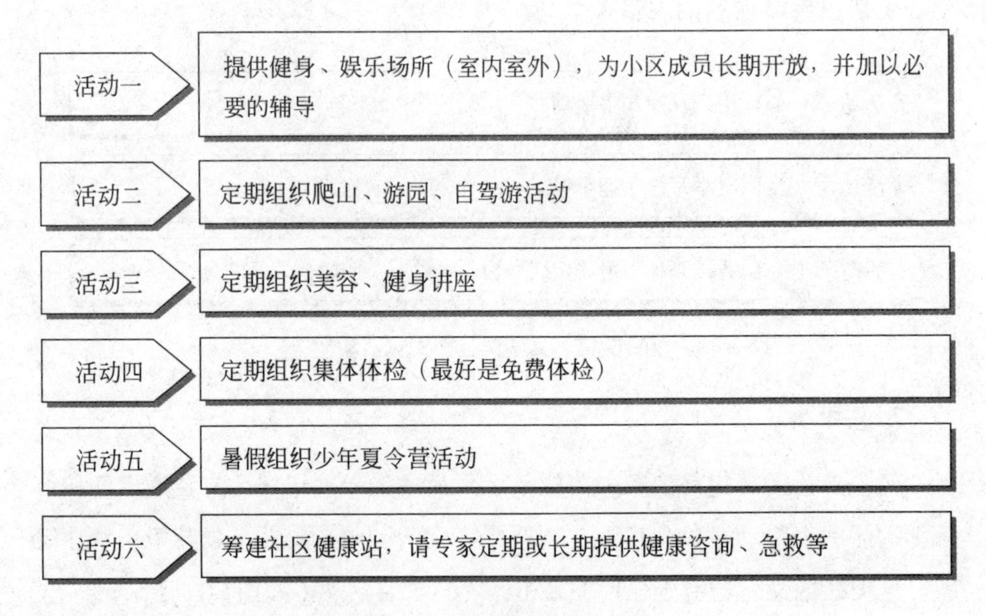

图5-17　康体类社区文化活动

5.经济类

经济类社区文化的目的在于，让小区内的住户相互帮助，形成一些商会，定期组织一些活动，在小区范围内形成一种浓郁的商业气息，并使小区中的每一个住户都能从中受益。这类活动的目的性较强，比较适合以商业为主的商住小区。这类活动包括图5-18所示的内容。

活动一　定期邀请成功人士到小区做创业心得报告

活动二　成立各种商会

活动三　定期邀请房地产专家做房地产租售交易介绍，并提供现场咨询

活动四	定期邀请证券专家做投资、理财报告，并提供现场咨询
活动五	根据住户的具体需要，举办汽车、名牌家私、艺术品展览活动

图5-18　经济类社区文化活动

问题07：如何制订社区文化活动方案

针对每次具体的社区文化活动，社区文化管理责任人员应提前一周编写实施方案。社区文化活动方案所涉及的相关因素很多，具体如表5-14所示。

表5-14　社区文化活动方案所涉及的相关因素

序号	因素	具体措施
1	人员配备	可在管理处下设社区文化人员，主要负责社区文化活动开展和环境文化建设： （1）社区文化人员采用专职和兼职相结合的方式，主要负责整个社区文化活动的策划、实施和监督，如大型文体活动、编辑月报、接待来访等 （2）客服人员参与协助工作 （3）也可聘请部分热心业主（住户）（5～7人）共同参与社区文化活动组织
2	活动场地	（1）管理处可设置一间办公室作为日常办公地点和联络场所 （2）社区内规划的户外活动场地，可作为活动开展的主要地点 （3）社区中心广场，可作为活动开展的主会场 （4）大型或特大型活动，可借助社区或附近中小学的操场或教室举行 （5）社区内开辟的科技馆、图书馆（室），也是学习交流的极佳场所 （6）体现报栏、宣传栏的作用，发布信息，沟通交流
3	经费来源	（1）物业服务企业或管理处拨出专项经费 （2）适当地酌情收费，如图书馆、科技馆等 （3）寻求个人或相关企业的赞助 （4）活动受益人集资
4	相关规范	社区文化活动能否正常有序地开展，还要有一套行之有效的运作规范加以保障，在活动策划时，最好边进行活动策划，边建立和完善相关运作规范

通常，社区文化活动方案应考虑以下内容：时间、地点、主题、形式、活动参与对象、活动邀请对象、活动组织安排、活动后勤保障、活动费用测算、活动费用来源及其他相关事宜。

问题08：怎样促成业主（用户）的自发性活动

物业管理处可以在以下几个方面努力，让各种活动成为业主（用户）的自发性活动，从而较快地形成一定的文化氛围：

（1）每天定时播放背景音乐。

（2）在社区公共场所（大堂、会所等）展示书法、图画、摄影作品（本小区文学团体中的优秀作品），并加以装饰美化。

（3）在小区的公共场所（室外）建设室外健身场地，包括健身器材、健身路、游离子呼吸区等。

（4）定期（每月）组织社区读书日，让住户提供自己的藏书，并进行展览或交换。

（5）每天早晨组织老年人晨练（每个小区都已有一定规模的晨练队伍，只要稍加引导就能形成）。

（6）组建民乐团，邀请老师到小区来授课，做好每日的活动安排，有兴趣的中老年人可自发到指定地方学习或演奏，并在重大节假日组织民乐团演出。

（7）每周举办英语沙龙。可在有条件（组织者要有较强的英语基础和组织能力）的小区组织，参加者可以是本小区的所有人；也可以把英语沙龙分组为儿童英语沙龙、青少年英语沙龙、成年人英语沙龙。

（8）每周举办露天舞会，这个活动需要较多的条件，宜在条件比较成熟的小区举行。舞蹈内容宜灵活多变，可包括交谊舞、健身舞、街舞等。

问题09：怎样因势利导组织一些大型活动

除住户的自发性活动以外，管理处可以因势利导，在重大节日举办一些大型的活动（社区文化风格不同，应有针对性地选择相应的活动），主要包括：

（1）元宵节：板报宣传、游花灯、猜灯谜、儿童趣味游戏。

（2）三八妇女节：组织小区妇女出外旅游、妇女联欢晚会、集体妇科检查（免费）。

（3）五一劳动节：业主卡拉OK比赛。

（4）五四青年节：青年联欢晚会。

（5）六一儿童节：儿童趣味游戏、少儿才艺表演。

（6）八一建军节：板报宣传、保安员军事表演。

（7）中秋节：赏月茶话会、音乐鉴赏会。

（8）教师节：为小区的教师发放慰问品、教师省内游。

（9）九九重阳节：登山、出游（市内游、省内游）。

（10）国庆节：大门摆鲜花、百部爱国电影欣赏。

（11）元旦：大门摆鲜花、文艺汇演。

（12）春节：大门摆鲜花、春节联欢晚会。

（13）小区入伙日：设备开放日、园林开放日、家庭日等。

（14）公司纪念日：大型竞赛活动（篮球赛、乒乓球赛、羽毛球赛），并坚持每年举办一次。

问题10：怎样加强社区文化建设的档案管理

各小区要建立文化活动档案，文化活动要做到“四有”，即：有计划、有安排、有资料素材（图片、音像等）、有总结。公司每年应进行汇总存档，并汇编公司文化活动年鉴，这有利于社区文化活动的考核。

问题11：如何管理社区的宣传栏

物业服务企业可根据本辖区的特点，发挥宣传栏的作用，达到丰富居民业余生活，赞美新人新事新风尚，鞭挞不良现象及丑恶行为的目的。宣传栏的管理要点为：

（1）宣传活动应有计划，要做到重大节日宣传庆贺，特殊情况及时告诫，日常管理充分体现。

（2）每一期的宣传栏都应该安排专人去负责，并提前去策划、准备，绝不能“粗制滥造”，最好月月有更新、内容有创新，使之成为社区一道亮丽的风景线及社区居民的一份精神大餐。

（3）对有损社区形象及不符合要求的宣传要及时给予修正、更换，要保证质量与效果。

（4）应对每期的宣传栏进行编号和登记，记录出版日期、刊数、内容等，并拍照、备案存档。

问题12：宣传栏的内容应从哪些方面着手

宣传栏的内容，可以从表5-15所示的几个方面着手。

表5-15 宣传栏的内容

序号	类型	说明
1	宣扬社区新气象，反映广大居民的身边事	即要结合当前国际形势，注重政治性和思想性，又要及时反映社区居民文化、物业服务企业的企业文化、员工的工作及生活等。这样，既激励了员工，解答了居民疑问及各类热点问题，又培养了大家的社会公德意识，提高了社区居民的素质
2	生活保健、日常起居及旅游指南等内容	每一期的宣传内容要有生活保健、日常起居及旅游指南等内容。同时，还要添加一些娱乐性、趣味性的内容。这样，既活跃了宣传版面的气氛，又增添了宣传内容的内涵
3	居民心声、新闻等内容	在每一期的宣传中增添一些诸如“居民心声”“新闻连载”的内容，能让宣传栏更有声有色，更贴近居民生活

问题13：如何营造小区节日气氛

逢盛大节日，如春节、中秋节，物业服务企业通常要对小区进行一番布置，以营造浓浓的节日气氛。要做好这项工作，必须事先制订布置方案，然后按方案来安排人员的各项工作。节日布置的实施要点为：

（1）按照节日布置方案，准备好各项装饰物品，联系采购部门采购。

（2）由维修服务部、客户服务部负责将装饰物品安置于相适应的位置，维修服务部应提前将电线、电路等布置到位，并由专人对安装及调试情况进行检查。

（3）节日期间，保安人员要多加注意秩序的维护，以及重点部位的巡逻，防患于未然。

案例赏析

共创和谐——物业组织开展系列社区活动

【案例背景】

为进一步拉近物业与业主之间的关系，打造有温度的幸福社区，自20××年6月份开始，××物业××项目在管辖小区陆续开展了“睦邻万家·东方比邻节”“东方童子军之小铁人养成记”等系列社区活动。

在“睦邻万家·东方比邻节”活动中，××物业××项目的工作人员为了更好地让多年龄段的业主都能够参与其中，特别设置了“邻居往前冲-亲子大互动”及“爱的见证-金婚银婚摄影”两项主题活动。

在亲子活动中，爸爸妈妈带着小朋友玩得不亦乐乎。

在金婚银婚活动中，一对对携手相伴了数十年的叔叔阿姨，仿佛回到了他们最美好的青春年华。

在“东方童子军之小铁人养成记”活动中，××项目的小业主们充分展现了“少年强则国强”的精神。童子军活动中的一系列训练环节，不但提高了小业主们的身体素质，更培养了他们的团队合作意识。这项活动为小业主们提供了最积极、健康、活力的暑假打开方式。

【案例点评】

物业组织的一系列活动，不但让邻里之间的关系变得更融洽了，而且还拉近了物业与业主之间的距离，层层剥落了之前存在的陌生感。作为物业服务企业，应充分重视小区内社区活动的重要性。

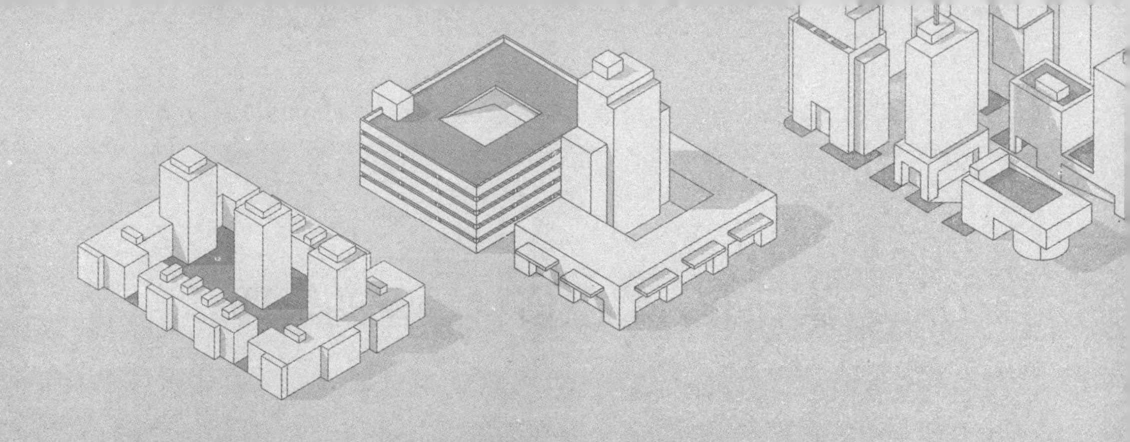

第六章 Chapter six 物业日常管理常见问题解答

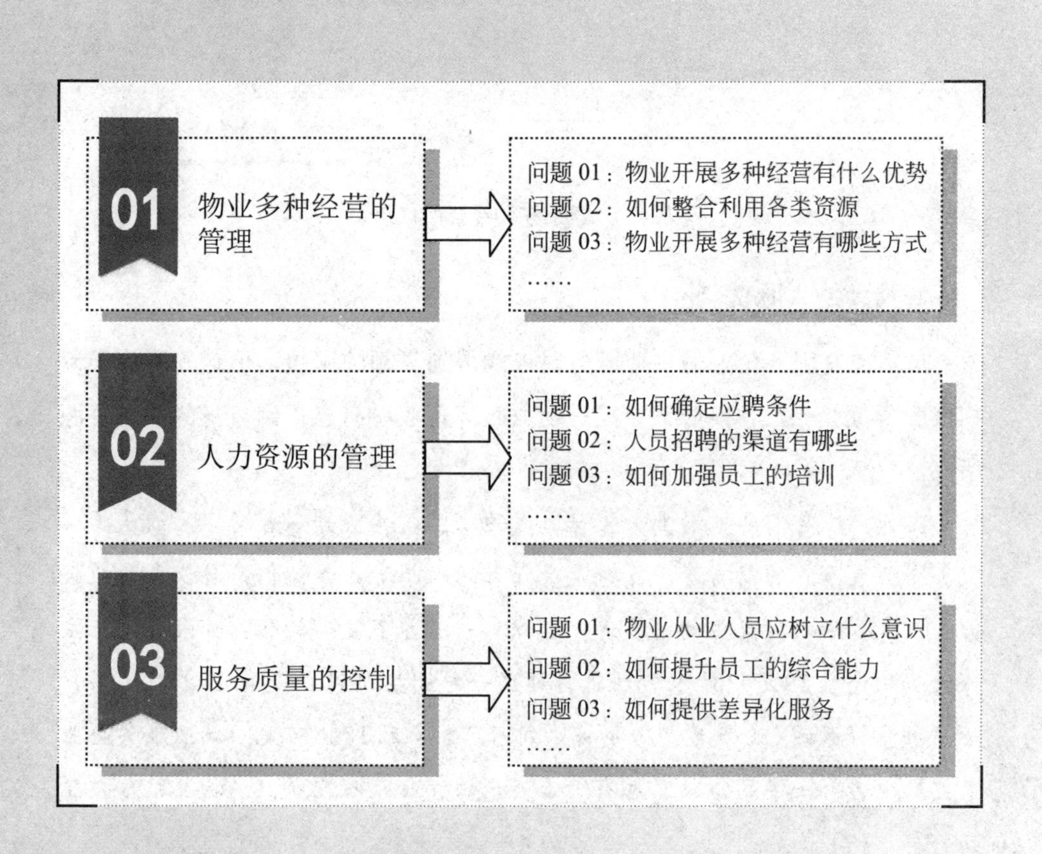

第一节　物业多种经营的管理

问题01：物业开展多种经营有什么优势

随着物业管理的市场化，物业服务企业要做到在竞争中求生存，在生存中求发展，因此，经营创收被逐步提到物业服务企业的重要日程上来。要得以生存与发展，经营创收将是物业服务企业一条必经之路。对于物业服务企业来说，开展多种经营具有图6-1所示的优势。

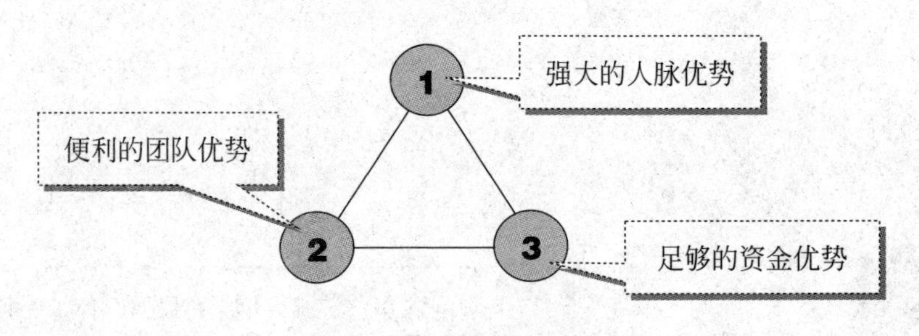

图6-1　开展多种经营的优势

1.强大的人脉优势

虽然物业服务企业做主业服务时未能得到高额的回报，但这并不等于说物业服务行业一定不能赚钱，只是物业服务企业没有意识到自身的优势资源所在。

比如，住宅小区中看上去普普通通的业主，其实并不普通，他们是物业服务企业最有力的财富资源，也是最强大的人脉资源，他们是潜伏在物业服务企业身边的不可忽视的消费者。可以算一笔并不复杂的账：如果每户业主每天平均消费50元用于衣食住行，那么一户业主每月就是1500元，1000户业主每月将达到150万元，一年将达到不可想象的1800万元。物业服务企业只要从中占有一半的份额，也有近千万元的营业收入，所以说物业服务企业身边的业主才是最大的财富，用好用足这一人脉优势，对于物业服务企业来说前景相当可观。

2.便利的团队优势

物业服务企业在所服务的各个项目上都有一个相当强大的服务团队，包括素质有佳的管理人员团队、服务规范的客户服务团队、管理严格的安保团队，以及保洁、绿化、维修等操作性团队。这是其他众多行业无法比拟的。

比如，让维修团队来做广告业务；让保洁团队来做家政业务；让规范文明的客服团队来做销售业务。

3.足够的资金优势

虽然物业服务企业的主业无法赚取高额利润，但并不代表物业服务企业没有资金流，其服务的住宅项目数量很多，业主数量也很多，住户在办理入住手续时往往会预先交纳相应的装修保证金、代收代缴费等，这类费用收取后会有一个暂存期，如果没有投资或使用方向，物业服务企业通常以闲置为主，只能获取少量活期利息。如果物业服务企业有了多种经营的项目，这些暂存资金就可以作为短期的投资或流动资金来为其提供资金保障，从而省下很大的融资费用。

问题02：如何整合利用各类资源

从经营管理的角度看，经营的目的是盈利，盈利的手段是整合利用各类资源。物业服务企业要实现多种经营方式，可以从自身现有的两种资源着手。

1.整合自身技术、技能资源，通过产业化发展获取利润

为了避免物业服务企业利润的外溢和流失，有实力、有条件的物业服务企业可以成立电梯维保、清洁服务、绿化服务、机电管理等专业服务机构。这些专业服务机构，一方面，承包自己公司的服务外包业务，另一方面，合法参与专业市场竞争，外拓专业服务市场，为企业获得更多利润。不少早期大型物业服务企业都采取了这种盈利模式。

同样，物业服务企业可以利用自身的资源优势，向房地产产业链条的上游和下游延伸业务，从而达到整合经营、获取利润的目的。

比如，许多物业服务企业在地产策划代理、物业租赁销售，甚至土地测量、地价评估、地产开发、园林施工、建筑监理等产业链条环节都有所作为。

2.利用所服务的楼宇及业主资源，获取附加利润

物业服务企业服务的物业项目具有独特的社区经营资源。其可以利用这些资源，开展多种社区经营活动，为企业获取附加利润。

比如，很多物业服务企业成立了家电维修、家政服务、垃圾回收等社会服务机构，以管理处为中心，在社区平台上，从这些服务机构的整合和经营中获取利润。

又如，某物业服务企业，利用自己平时工作中所掌握的业主资料，开展了婚介和旅游业务。他们联合旅行社精心设计旅游行程，邀请部分业主参加，在这个过程中既促成了一些有缘之人，也服务了业主、获取了利润。

问题03：物业开展多种经营有哪些方式

对不同业态形式的物业来讲，业主和商户的需求以及所拥有的资源也不尽相同，所以，对于不同种类的物业，物业服务企业可以选择不同的方式进行经营。

（1）对酒店和写字楼，除了开展优质的物业服务，还可从事与物业管理本身没有直接关联的其他经营业务，如餐饮经营、超市经营、置业投资等。

（2）物业本身也需要一些诸如电话、视频会议、商务活动策划等专业化的商务服务，这无疑也是物业服务公司可以开拓的利润点。这也符合物业服务企业的产业化发展趋势，同时还可以促进物业服务企业与国际接轨的进程。

（3）在进行商业物业的管理和服务中，物业服务企业还可以为饮食区、娱乐区、超级市场、商店等配套设施提供一些委托、代办服务，以获取利润。

产业化的经营，对物业服务企业提出了更高的要求，其只有提高自身的专业科技水平，改善服务态度，才能获利，同时也能得到业主（商户）的肯定，实现名利双收。

问题04：开展多种经营一般可选哪些项目

从具体项目上讲，物业服务企业的经营方式大致有图6-2所示的几类。

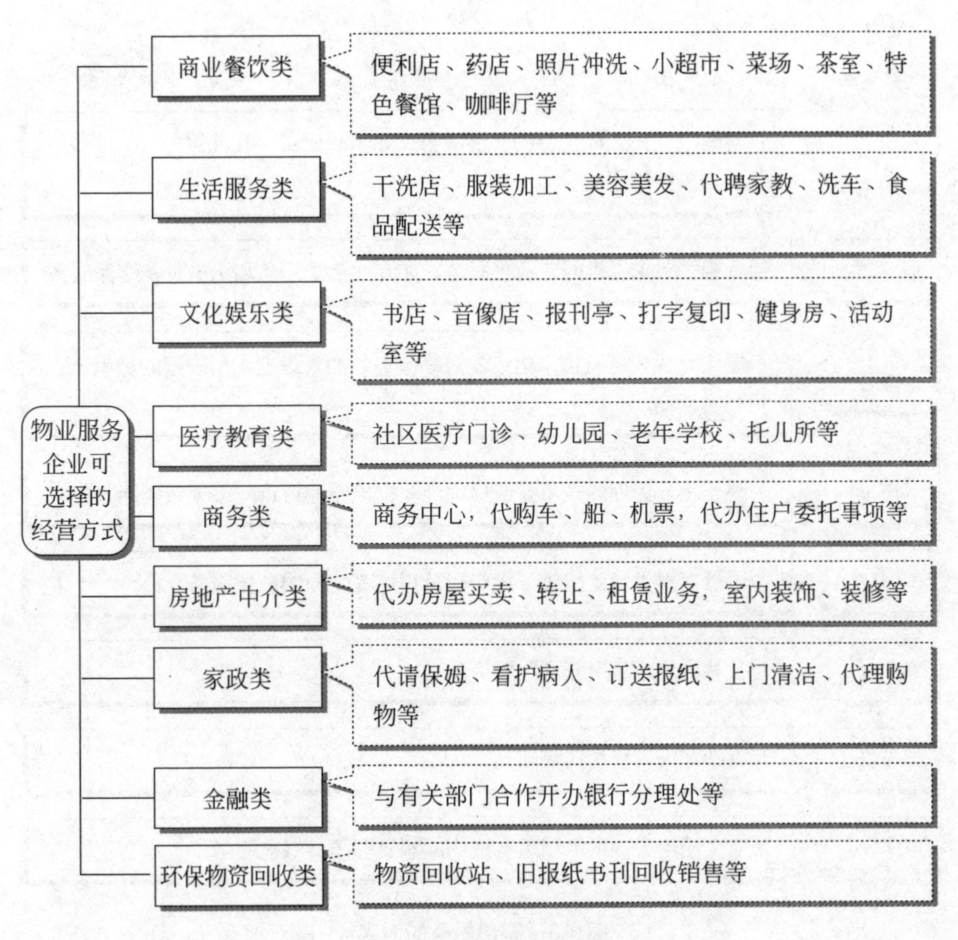

图6-2　物业服务企业可选择的经营方式

在项目的选择和组合上，物业服务企业应考虑自身管理物业的特点和需求，并且要遵循“方便住户、用户满意、优质高效、企业盈利”的原则。

问题05：如何开展有偿服务

有偿服务是物业创收经营的一个重要组成部分，也是对物业管理主要经营的重要辅助。因为，物业服务企业具有得天独厚的环境优势，又存在巨大的市场需求，如果经营管理得当，社会效益与经济效益将十分可观。具体服务内容，如图6-3所示。

内容一：针对业主使用人而提供的有偿服务，如家政服务、托儿服务、护理服务、相关特殊服务等

内容二：针对相关需求提供的专业化服务。如专业清洁服务和机电设备维保服务

内容三：房屋中介代理以及供求信息发布等服务。如代理业主所开展的房屋出租经营活动

内容四：为需要物业管理的企事业或房地产业提供专业咨询、策划和顾问服务

内容五：为同行业提供员工培训、操作规范拟定等方面的有偿服务

内容六：对公共场地或场所开展经营活动

内容七：开办幼儿园、快餐店等活动

内容八：代业主使用人养护家用观赏植物或盆景等园林绿化服务

图6-3 有偿服务的内容

物业服务企业开展经营创收的成效，将密切关系到大多数物业服务企业与开发企业“断奶”后的生存与发展，同时也将推动一大批物业服务企业走向“断奶”之路，促使物业管理行业积极跻身于市场经济的拼搏中。

问题06：如何做好电梯广告

电梯广告已经是一种很成熟的物业广告经营方式了。基本上在物业管理较为成熟的地区，电梯广告均进入了小区。电梯广告的出现，避免了乘客乘坐过程中的单调和无聊，还可以让乘客获取到信息。

电梯广告的做法如下：

（1）在电梯轿厢的厢壁上悬挂特制镜框，然后在镜框内放入可更换的广告画面。

（2）在电梯门旁边放置广告，可让乘客等电梯时，消磨时间。

（3）在候梯厅和电梯轿厢内播放背景音乐，这种背景音乐也是音像公司的广告。

（4）将广告宣传单、宣传画册等摆放在候梯厅内，供乘客们免费取阅等。

比如，近几年，许多地方都成立了经营电梯平面广告的公司，小区楼宇内遍布了各式各样的广告，尤其是小区楼宇上的户外广告、电梯内的液晶电视媒体广告，内容从超市百货到房地产、汽车推广，五花八门，当然，也会有一些公益广告。当这些广告丰富着社区文化的同时，也或多或少对业主的生活形成了一些干扰，尤其是不良广告的“骚扰”。另外，现在液晶电视广告在小区电梯口也很容易见到，这些电视广告有时24小时全天候播放。

问题07：如何管理屋顶及外墙广告

屋顶及外墙广告是将所服务的物业屋顶及外墙统一规划成多种广告位，向外招租。

在管理过程中，应注意图6-4所示的三个方面。

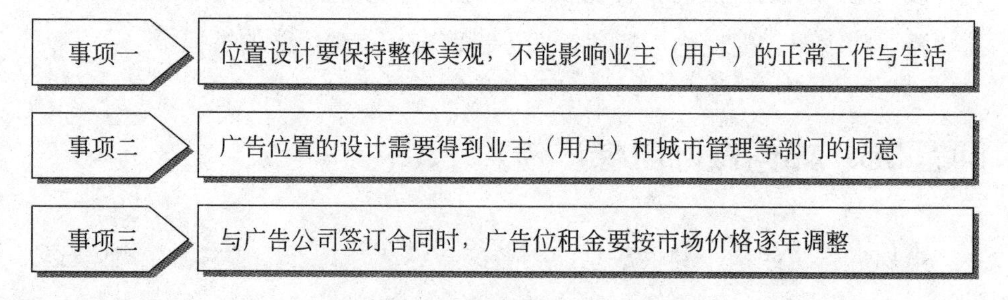

图6-4 管理屋顶及外墙广告的注意事项

问题08：如何管理小区路灯广告

小区内有大量的非市政路灯，于是就产生了路灯广告。物业管理企业应根据路灯杆的形状及周边环境，制作相应的灯箱或其他广告载体，与路灯杆形成一体。

路灯广告投放的注意事项，如图6-5所示。

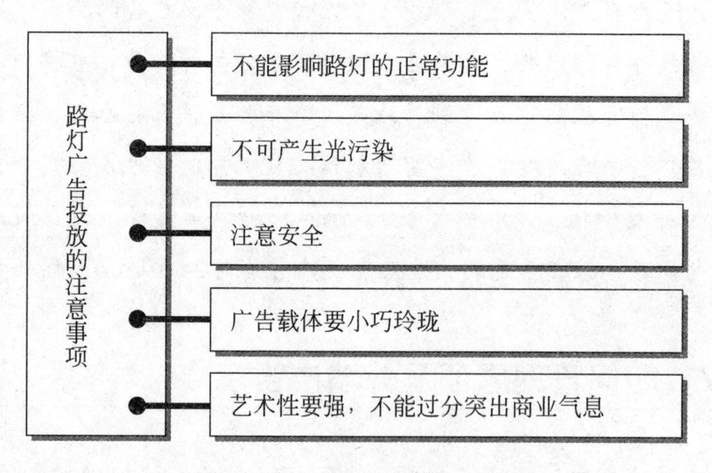

图6-5 路灯广告投放的注意事项

问题09：如何经营小区会所

目前，许多住宅小区的会所是由物业服务企业来管理的，若是经营得好，也是盈利的一大亮点。经营小区会所，可参考图6-6所示的几点。

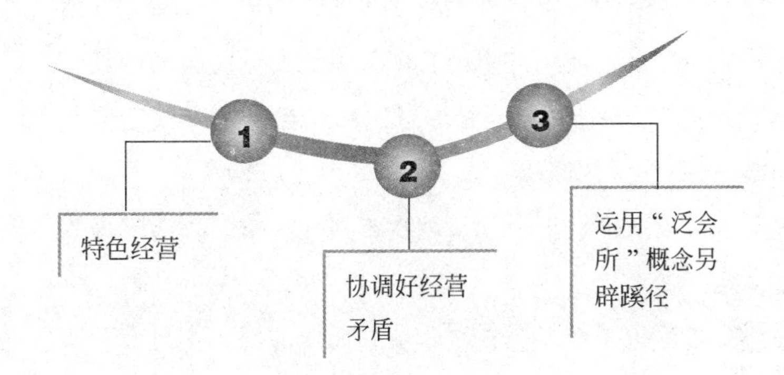

图6-6　经营小区会所的建议

1. 特色经营

根据项目的定位和业主（用户）的定位，分析潜在业主（用户）的共同特点，从而找出具体的潜在项目。

比如，会所是偏重教育，还是偏重健身；是侧重医疗，还是侧重休闲；是突出娱乐，还是突出年轻人的朝气，还是突出于老年人的沉稳。这些项目都需要全面的分析与定位，没有特色，就没有生命力。

2. 协调好经营矛盾

小区会所一般都在较靠近小区内部的位置，如果外来人员进入，随之产生的安全隐患便大大增加，因此，小区业主（用户）并不希望会所过多地面向外来人员。而从开发商的角度出发，不吸纳外来人员参与消费，会所就很难有更大的盈利空间。

要协调好这一对矛盾，就要求管理者对外来人员进行把关。某些会所的会员有时是身份和品位的象征，会员会为此感到荣耀。所以，当外来人员提出入会申请时，会所的管理者和经营者一定要进行严格的把关和筛选，不能只是为了经济利益，随随便便、大张旗鼓地从外面招收会员。

3.运用“泛会所”概念另辟蹊径

目前，不少会所的经营者开始另寻出路，推出了开放式会所、连锁经营性会所等模式，也就是所谓的“泛会所”概念。这类会所的经营范围不再局限于本小区的业主（用户），而是通过销售会员卡的方式，适当地向社会开放，从而增加会所的利用率。

小区会所可以适度地根据项目档次、居住人群、周边环境等情况实行不同的经营模式。

比如，大品牌的开发商让旗下各项目的所有业主（用户）共享这些社区会所的使用权。

物业服务企业也可以提供菜单式服务，让业主（用户）根据个人具体情况进行选择，并按服务种类交纳相应的费用；也可以聘请顾问或外包出租，将会所的经营管理权交给专业的酒店公司、会所公司，以提升会所的经营品质。

案例赏析

小区会所应当合法经营

【案例背景】

某高档小区交付使用后，业主对正在建设中的物业配套项目——会所提出了异议。业主认为：第一，建设单位改变、扩大了会所的经营范围和营业面积，侵犯了业主的合法权益；第二，会所经营将带来噪声、污染等问题，会损害业主利益，降低物业档次；第三，会所开业经营的车流、人流和混乱等问题会给小区的安全带来威胁。

业主的意见首先是在物业服务企业和建设单位共同组织召开的遗留问题座谈会上，以口头形式向建设单位提出的。建设单位代表当场表示，会对业主提出的问题进行研究并予以答复。但一段时间后，建设单位没有回应，于是业主以书面形式正式通知建设单位，再次要求答复。但建设单位仍未回应，只是要求物业服务企业出面安抚、沟通和疏解。

物业服务企业按照建设单位的要求进行了相应的工作，但遭到大部分业主的拒绝。部分业主以集体签名、书面上访的形式向政府相关部门投诉。政府相关主管部门表示，在进行必要的调查核对工作后才能予以答复和处理。同时，政府主管部门建议双方协商解决，并明确要求建设单位就业主提出的问题作出回复。按照主管部门的要求，建设单位以公告的形式对业主提出的问题进行了回复。公告要点为：

第一，会所系物业配套设施，现建设中的会所并未改变原设计方案，也未超出经营范围，且与售楼承诺书以及购房合同附加条款的约定是一致的。

第二，针对会所空调设备的噪声问题，已购置专门设备进行降噪处理，预计噪声可降到45分贝以下。

第三，人流、车流及治安等问题，正在研究具体措施和管理办法，力争在会所开业时全面解决问题。

建设单位的公告发出后，业主非常不满。认为开发建设单位根本没有将业主置于平等对话的位置，毫无解决问题的诚意。于是，部分业主采取拒交管理费、阻挠会所施工等办法进行对抗；部分业主表示会采取相应的法律措施和手段；另一部分业主则表示将采取更加激烈的方式。一时间，在会所项目问题上，业主和建设单位以及物业服务企业的矛盾骤然升温。

【案例点评】

本案例中，物业服务企业应当以中间人的身份，针对业主的诉求，力促建设单位成立专题工作小组，制订科学有效的危机化解方案，直面业主，尽快解决问题。切忌建设单位不出面、不负责，物业服务企业包打天下。物业管理方应居间协调、不偏不倚，维护业主和建设单位双方的合法权益和根本利益。否则在今后的物业管理中，业主将对物业服务企业心存芥蒂，物业管理服务也将处于被动状态。

第二节　人力资源的管理

问题01：如何确定应聘条件

物业服务企业通常有决策层、管理层和操作层三个层次，为了使各层次人员的能力与岗位相匹配，就必须研究各层次人员应具备哪些知识与能力，具体如表6-1所示。

表6-1　物业公司各层次人员的知识与能力要求

序号	层次	必备的知识与能力	
1	决策层	必备的知识	（1）了解房屋结构及设备、设施修缮等基本知识 （2）了解房地产有关理论和开发、经营、管理、估价等基本知识 （3）了解有关法律知识 （4）熟悉计算机的应用知识 （5）熟悉房屋完损等级评定标准和安全管理基本知识 （6）熟悉国家和本地区的物业管理法律、法规、政策，掌握物业管理的基本理论与实务 （7）掌握物业公司经营管理知识
		必备的能力	（1）具有制订物业服务企业长期发展规划、建立健全管理制度的能力

续表

序号	层次	必备的知识与能力	
1	决策层	必备的能力	（2）具有控制各部门业务及运作的能力，具有经营决策的能力 （3）具有综合组织和协调能力，具有公关、谈判及建立业务关系的能力 （4）具有处理突发事件的能力 （5）具有计算机操作能力
2	管理层	必备的知识	（1）了解房地产有关理论和开发经营管理等基本知识 （2）熟悉物业管理的基本理论和有关政策法规，掌握本地区物业管理的要求、计费规定等 （3）掌握房屋完损等级评定标准、质量检测方法和安全管理的基本知识 （4）掌握物业管理的有关技术标准及维修的基本知识 （5）掌握房屋结构、设备、设施维修管理的基本知识 （6）掌握计算机的应用知识
		必备的能力	（1）具有建立健全部门规章制度的能力 （2）具有制订工作计划并组织实施的能力 （3）具有及时处理房屋、设备、设施的抢修排险和火灾、盗窃、医疗救护等突发事件的能力 （4）具有宣传教育、组织各类活动及处理一般矛盾的能力 （5）具有处理专项业务并能与相关机构协调的能力 （6）具有熟练使用计算机进行管理的能力
3	操作层	（1）能执行公司的各项规章制度及操作程序 （2）能熟练掌握所从事岗位的专业技能 （3）具有独立处理琐碎事务的能力 （4）具有较强的责任心、控制力，具有团队意识	

根据各层次应具备的知识与能力，结合各工作岗位的具体要求，就可以确定出每个工作岗位的具体招聘条件，如年龄要求、性别要求、学历要求等。

问题02：人员招聘的渠道有哪些

物业服务企业应根据所需人员的类型，采取相应的招聘办法，既可以从公司内部选择和挖潜，也可以从社会广泛寻觅。一般做法是：所需人员技能层次较高时，可选择公司的内部人员，或由私人介绍、推荐；所需人员技能层次较低时，可从公司外部劳动力市场招聘，或利用就业服务机构广告招聘。员工招聘的渠道，如图6-7所示。

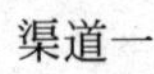

渠道一　公司内部选择和挖潜

这种方法可以给公司内部员工提供更多的晋升机会，更好地调动和激发员工的积极性

渠道二　网络招聘

物业服务企业可以在自己公司的网站、第三方招聘网站上发布招聘信息，或者直接搜索网站里的简历库，寻找合适的人才

渠道三　校园招聘

随着物业管理需求的增长，开办物业管理专业的院校逐渐增多，通过这些专业院校的培养，也将为物业服务企业输送一大批合格的人才

图6-7　员工招聘的渠道

问题03：如何加强员工的培训

物业服务企业员工的培训，主要包括基本素质培训和业务知识培训。

1.基本素质培训

基本素质培训是物业管理从业人员最基本、最重要的培训内容，抓好基本素质培训可以使员工拥有良好的职业道德，如尊老爱幼、助人为乐、遵守秩序、爱护公物、信守诺言、团结合作、爱岗敬业等；可以使员工树立起服务第一的服务理念，全心全意地为用户服务；可以使员工拥有较好的修养，在对用户服务时热情主动、文明礼貌、语言规范、谈吐文雅、衣冠整洁、举止端庄、尽善尽美等。

基本素质培训的对象是物业公司的全体员工，培训的基本内容，如图6-8所示。

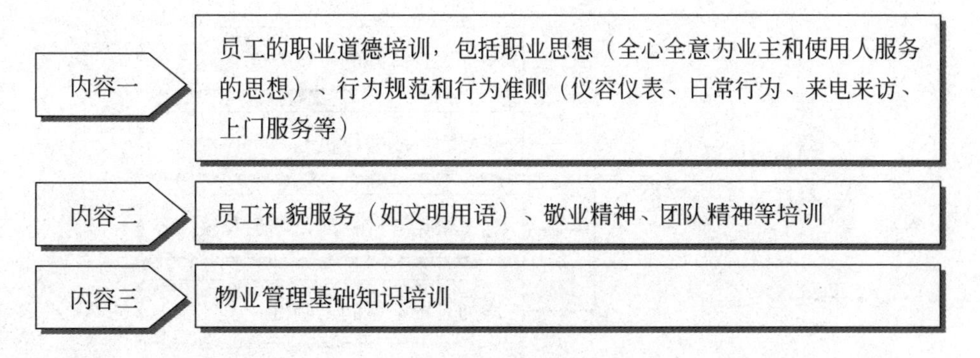

图6-8 基本素质培训的基本内容

通过以上内容的培训，可使员工掌握物业管理服务最基本的语言、行为规范以及必备的物业管理服务知识。

2. 专业知识与技能培训

专业知识与技能的培训对象是物业服务企业的各岗位工作人员。由于工作岗位的不同，培训的内容也有较大的差异。例如，对财务人员进行财会知识培训，对工程技术人员应强化房屋与设备维修管理等知识的培训，对管理人员应侧重公共关系、管理技巧和领导艺术等知识的培训，对保安人员应加强保安业务知识的培训，而对绿化人员则应加强绿化工作流程、工作标准及种植、养护等知识的培训。

问题04：如何对员工工作进行考核评价

对公司员工的工作进行考核与评价，对于改进员工本人和公司的工作、员工的个人发展和公司的自我完善，都有着不可估量的作用。

员工工作的考核评价是对员工工作成绩和缺点的综合评述，它既是一个有严格标准的客观反映和评价过程，同时又不可避免一些主观和感情因素的干扰。因此，物业服务企业在对员工考核评价时，尽量做到系统化、经常化、规范化。为提高考核的可靠性，应抓好图6-9所示的几个方面。

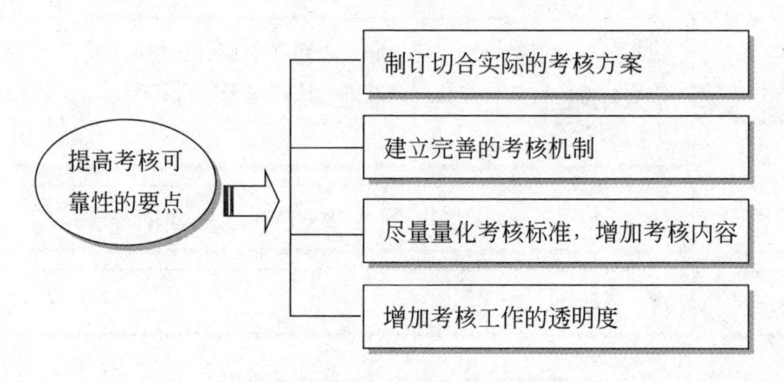

图6-9　提高考核可靠性的要点

1.制订切合实际的考核方案

要制订一个比较科学的考核方案，就必须深入实际，到各部门详细了解岗位设置情况、员工工作职责情况，然后与各部门负责人和有关管理人员一起研究，将考核的内容与员工岗位责任挂钩，使考核的内容切合实际，易于操作。

2.建立完善的考核机制

考核方案再好，也要靠人去执行。谁来考核呢？对物业服务企业来说，考核工作常常分部门进行，每个部门应成立一个考核小组，负责员工的考核工作。公司则应成立由公司经理、人事、财务及其他各部门经理组成的并有员工代表参加的考核领导小组，负责统筹、监管各部门的考核工作，制订考核总体方案等。员工若对本部门的考核工作不满意，可向公司考核领导小组反映，也可向公司工会反映。只有建立完善的考核机制，才能避免形式主义与个人印象主义，才能真正反映员工的真实表现。

3.尽量量化考核标准，增加考核内容

要想使考核公正、客观，就必须尽可能将考核标准量化，采取动态考核的方式，建立更好的客观标准，减少主观印象。另外，还应尽量增加考核内容，使考核标准细化，从而更好地反映出员工的实际工作情况。

4.增加考核工作的透明度

应该说，任何考核制度都有一定的内在缺陷，都有可能引起被考核者的不满或抵触。要解决这些问题，比较理想的方法就是让被考核者参与考核标准的制定，对考核者提出意见。在考核过程中，也应广泛发扬民主，认真听取员工的意见，增加考核工作的透明度。

案例赏析

辞退员工是否需要补发赔偿金

【案例背景】

20××年5月10日，某小区物业公司辞退了一名从事垃圾装运工作的清洁工钱某，此人已在该小区工作6余年。6月，他到区劳动局上访状告物业公司，要求物业公司按《中华人民共和国劳动法》（以下简称《劳动法》）的规定对其赔偿，每工作一年给予一个月的补偿费，工作6年，应付6个月的补偿费，其每个月工资为3200元，共计19200元。

物业公司认为，钱某在上班时间捡垃圾，经保洁部主管多次批评仍不改正，属违反劳动纪律，所以给予辞退，在辞退时物业公司将此决定告诉了本人，还在物业公司内部发了通报，因此不予赔偿。区劳动仲裁委员会经调查，情况属实。《劳动法》第二十五条第二款规定，严重违反劳动纪律或者用人单位规章制度的，用人单位可以解除劳动合同。由于

物业公司多次劝告钱某，钱某仍违反纪律，因而予以解除合同，钱某本人也承认并签字，物业公司也作了公示，所以不予赔偿。

【案例点评】

随着《劳动法》的贯彻、落实，劳动纠纷也越来越多，这是摆在物业公司的一道难题。如何解决此类问题，关键在于要依法办事，要坚持法律程序，同时还要根据要求，予以公示。

第三节　服务质量的控制

问题01：物业从业人员应树立什么意识

虽然物业管理服务的入行门槛不高，但要持之以恒地提供优质服务和精品服务并非是一件简单的事，这就要求物业从业人员树立图6-10所示的五大意识。

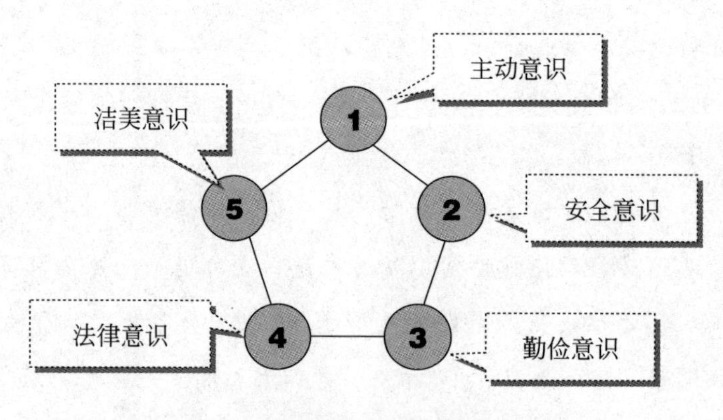

图6-10　物业管理人员应树立的意识

1.主动意识

以业主（用户）为中心，为业主（用户）提供体贴入微、尽善尽美的服务是物业服务企业的经营宗旨。管理工作中的服务态度、质量和效率是业主（用户）能实实在在感受到的东西。所以，管理者在与业主（用户）接触的过程中应该主动热情、文明礼貌。

比如，见到业主（用户）要主动微笑打招呼，与业主（用户）交谈要落落大方、彬彬有礼。

此外，管理者还要变被动服务为主动服务，与其等到业主（用户）请物业服务企业去解决问题，不如未雨绸缪，主动替用户着想。

比如，逢节假日来临，物业服务企业应该主动提醒用户注意锁好门窗、提高警惕，以加强安全防范。

至于服务效率方面，物业服务企业应根据物业的实际情况，对其提供的各项工程和日常服务工作进行指标量化。

比如，业主（用户）室内跳闸，物业服务企业保证15分钟内到场处理。通过实行服务对客承诺制，接受业主（用户）的监督，来促进物业服务企业服务水平的不断提高。

2.安全意识

充分保证业主的生命和财产安全是管理工作的基本职责。对于提供24小时保安服务的物业小区而言，如果发生了业主（用户）财物被盗、遭遇人身攻击等治安问题，势必会引来业主（用户）的强烈投诉，而物业服务企业苦心营造的良好形象也将大打折扣。若是由于物业服务企业管理不善导致火灾发生，其严重后果将不堪设想。小区的消防治安工作可以说是管理工作的重中之重。

因此，管理者应该具备高度的安全意识，人人都要把自己当成小区的“消防员”和“治安员”，掌握必备的治安消防知识，熟练使用灭火器材。在日常工作中，要提高警惕，遇有相关问题，要及时通知相关部门，各部门要通力合作，迅速予以解决。

另外，要形成定期检查的制度，及时查找管理工作中存在的治安和消防隐患，并采取措施予以整改，以不断提高安全防范意识。

3.勤俭意识

物业管理收费是采取“以支定收”的原则，即“取之于业主（用户），用之于业主（用户）”。作为业主（用户）聘请的“管家”，物业服务企业要懂得精打细算、勤俭持家，要争取以最合理的费用提供最优质的服务。物业服务企业应该全面分析管理费支出的各个项目，努力寻求经济效益和服务质量的最佳平衡点。

比如，各项需要外包的设备设施保养工作、原材料采购工作，要货比三家，挑选优质低价的分供方。

另外，各项设备的运行费用约占整个管理费支出的40%，所以，管理者要厉行节约、开源节流。

比如，制定严格的设备开关控制制度、进行工程技改、提高设备性能比，以降低设备运行费用。

4.法律意识

物业管理工作的一大特点就是要处理多部门的各种关系。

首先，管理者要掌握相关的法律知识，以正确处理政府部门、业主和物业服务企业的责、权、利关系。

其次，物业服务企业还要懂得用法律知识来保护自己，即合理地规避管理工作中的一些法律风险。比如，通过购买第三者责任险来规避小区内发生刑事案件产生的风险。

第三，管理者在对促销人员的管理上要做到有法可依，以降低违法行为产生的风险。

只有具备了较强的法律意识，当出现客户投诉、用户纠纷的时候，物业服务企业才不会束手无策，更不会因为处理不当而酿成大祸。

5.洁美意识

没有物业管理的房管时代，由于缺乏统一的管理，各个业主（用户）都是“各家自扫门前雪”，使公共区域卫生的脏、乱、差现象非常严重。现如今，为了拥有更高层次的物质和精神文明生活，广大业主（用户）更希望物业服务企业能营造出清新幽雅、舒适和谐的家居生活和工作环境。

因此，物业服务企业要通过制定各项公共地段和业主（用户）室内的保洁制度，来保持小区环境的整洁。另外，还要有开展美化环境的各项绿化工作。

问题02：如何提升员工的综合能力

物业服务企业可从图6-11所示的几个方面来提升员工的综合能力。

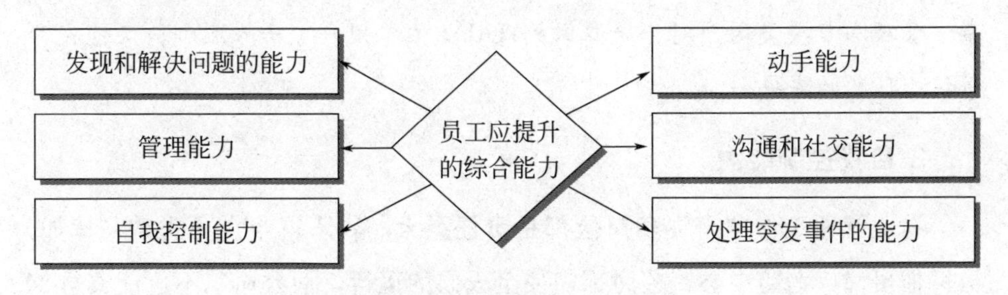

图6-11 员工应提升的综合能力

1.发现和解决问题的能力

“没有最好，只有更好”，这样一句口号正好印证了物业服务企业前进的目标。虽说物业服务企业已建立了有关管理服务的规章制度，但如果员工只是机械地执行工作，而不善于开动脑筋，则很容易造成工作走过场的现象。工作在第一线的员工只要细心观察、主动服务，就能发现许多问题。

比如，工程人员在上门维修时，除应业主要求为其排忧解难外，如能根据自身的经验和技术，发现业主室内其他设备的问题，并主动为其提供检修服务的话，一定能赢得业主（用户）的好评。

此外，管理人员更要结合工作实际，大胆创新，勇于改革，提出一些有关降支节能、完善服务的合理化建议。

2. 管理能力

物业服务企业将业主（用户）视为“上帝”，并不意味着管理工作就毫无原则、唯命是从。物业管理包含了服务与管理两方面的含义，除了要为业主（用户）提供面面俱到的服务外，管理者还必须对小区的综合收费、治安、清洁、绿化等工作进行统一管理。

在管理方法上，要彻底将过去那种指手画脚的“长官式”的管理风格，变成富有人情味的温馨式管理。

比如，在节假日或非办公时间，为保证业主（用户）的人身和财产安全，物业服务企业会对进入小区的人员登记。由于进出人员较多且身份复杂，管理人员要灵活应对，争取做到既让业主（用户）出入顺利，又能充分保证小区的治安安全。

3. 自我控制能力

物业管理工作中有许多岗位都是责任重大，容不得半点马虎的。比如，机房值班岗、消防中心监控岗都需要全天候的运行，而公司也不可能实行24小时的监控，所以，员工必须加强自我管理，严格遵守各项规章制度，坚守岗位，履行职责，以保证设备设施的正常运转和消防治安无事故。

另外，在对客服务过程中会遇到一些蛮不讲理、拒不配合的用户。在这种情况下，员工要善于控制自己的情绪，切勿与用户发生争执，应根据有关规定，耐心跟用户解释，做到以理服人。

4. 动手能力

物业服务企业往往需要工程、保安、管理等各类专业人员，但最实用的却是“一专多能”的复合型人才。物业服务企业之所以设立各部门相互协调的服务程序，其最终目的就是提高服务效率。假如管理人员在巡视过程中发现有环境卫生、设备破损等力所能及的小问题时，不妨自己动手将问题迅速解决，既省去了各项程序，又提高了服务效率。

因此，管理者除了要做好自身岗位的工作外，还要注意与其他岗位的人员多开展交流学习，努力让自己掌握一些处理工作中多发事故、突发事件的技能，使自己成为知识丰富且动手能力强的“管理杂家”。

5.沟通和社交能力

由于物业管理工作中涉及方方面面的关系，所以，能否正确处理与业主（用户）、主管单位及相关部门的关系就显得尤为重要。物业服务企业的中高层领导肩负着协调各方关系的重要责任，这就需要他们具有良好的沟通和社交能力。

在日常工作中，要制定定期汇报的制度，向业主汇报工作情况，对于工作中的一些重要和紧急事情，物业服务企业更要注意加强与业主（用户）的沟通。

另外，在工作之余，物业服务企业可举办各类文娱活动，并邀请业主（用户）及相关部门参加。如此一来，就增进了物业服务企业与业主（用户）及相关部门的关系。有了他们的支持和配合，物业服务企业的工作开展就会顺利很多。

6.处理突发事件的能力

用“养兵千日，用兵一时”来形容物业服务企业的工作可谓是恰如其分。一旦小区内发生电梯困人、消防火警和浸水漏电等突发事件，管理人员必须在第一时间作出正确反应，将事件的危害性降到最低。管理者在面对紧急事件时要想做到镇定自若、从容应对，一方面要加强理论知识的学习；另一方面，要从以往发生的事件中汲取教训、总结经验，这也是提高应急技能的好方法。

问题03：如何提供差异化服务

差异化服务是物业服务企业参与物业管理市场竞争，立足于服务之本的质量竞争策略。为业主提供维修、保安、保洁、绿化等有形服务，是物业管理的基本职责，但这只是满足了业主的一般需求。物业服务企业可以利用自身的整体优势在服务时间、服务方式、服务方法、服务形象等方面进行改良，创造一些具有个性色彩的服务。

比如，积极开展收洗、缝制衣服，代购车船机票，接送小孩上学等特色服务，代办各种保险、中介、商业服务项目，以丰富多彩的服务特色让业主满意、放心，满足各类业主对物业管理服务的各种需求，从而扩大市场占有份额。

同时，在服务品味、服务质量上优于行业标准，优于地方标准，优于其他企业，做到这种差异，企业品牌的质量竞争就一定能获得成功。

问题04：如何做好服务创新

物业服务企业在打造品牌的过程中，应不断对业主（住户）心理、社区文化、业主（住户）需求结构进行研究，以加强服务创新。

比如，日常收费管理使用专业的物业管理软件，实施全方位的电子安防监控、门禁系统、可视对讲系统，使业主的生活更加舒适、安全。

科学技术在小区物业管理中的运用，势必将提高物业管理的服务水平，提高业主生活的品质。

问题05：如何规范运转、规范管理

物业服务企业服务的规范化、经营的精约化和形象的品牌化正日益受到业内的重视。规范是服务要求，精约是管理要求，品牌是发展要求。对于物业服务企业特别是新兴的物业服务企业而言，要想实现快速发展，首要任务就是实现规范化服务，打牢根基，即通过制度建设体现规范运转、规范管理的外在之美。

1.遵纪守法，诚实守信，规范运行

物业管理属于微利行业，加之市场竞争不断升级，部分物业服务企业打肿脸充胖子，不计成本承揽项目，造成的直接后果就是通过侵占业主（用户）的合法权益转嫁成本，最终导致业主与公司的纠纷。鉴于此，国家和地方出台了《物业管理条例》《物业服务收费管理办法》等诸多政策性文件，对物业管理行业的经营、运行等进行规范，这是物业服务企业在长远发展当中必须关注的问题，也是物业服务企业的核心制度，更是物业服务企业不折不扣要执行的“宪法”。物业服务企业必须进行详尽的梳理和系统的学习，既要学法用法，维护自身的合法权益；又要自觉守法，规范经营；更要处理好眼前利益和长远利益的关系。

2.完善企业规章制度，精准设置服务流程

物业服务企业承揽的项目，多以保安、保洁、维修、绿化、设备管理、家政等综合性服务为主，业务面宽泛，劳动力密集，服务内涵丰富。实质上，物业服务企业充当着每个家庭的“管家”，要管理好庞大的“摊子”，服务好众多的业主（用户），就必须形成完整的企业规章制度。对员工的管理、对财物的管理、对设备的管理，都必须有章有法。

在服务中，物业服务企业还必须结合实际，做到精细、准确、全覆盖。精细是指服务的流程要周全详尽、尽善尽美，最细致、最具操作性；准确是指服务流程的设计要切中要害，分工要清晰明确，具有很强的实用性和针对性；全覆盖是指物业财产记录要全覆盖，职责划分要覆盖服务项目，人员配备要覆盖到位，部门与部门的衔接、岗位与岗位的衔接要“严丝合缝”，既不能出现物业财产遗漏，更不能出现管理遗漏。

案例赏析

物业服务企业违规使用电梯被立案查处

【案例背景】

2019年12月24日下午，某特种设备安全监管执法人员对某物业管理有限公司管理使用的6台轿厢客梯进行了现场检查，检查结果如下：该物业公司管理使用的6台电梯都未办理特种设备使用登记证，该6台电梯的首次监督检验合格报告有效期至2018年10月，有效期届满后该物业公司未进行定期检验，并一直在使用。执法人员当场下达了特种设备安全监察指令书，并提出了限期整改意见：责令该物业公司于2020年1月8日前向市场监督管理局办理特种设备使用登记证；2019年12月25日前立即停止使用未经定期检验的电梯，及时向特种设备检验检测单位申报并接受定期检验，检验合格后方可继续使用。

2020年4月10日，特种设备安全监管执法人员对该物业公司的整改情况进行复查，发现该6台电梯仍未办理特种设备使用登记证，超期仍未进行定期检验，并仍在继续使用。据该物业公司工作人员讲述，其曾向市场监管部门申请补办该6台电梯的特种设备使用登记证，并向特种设备检验检测单位申报定期检验，只是因为法律法规规定的冲突，而未办理。

该物业公司使用未办理特种设备使用登记证及超期未定期检验的电梯不符合《中华人民共和国特种设备安全法》的规定。市场监督管理局于2020年4月15日对该物业公司涉嫌违法使用电梯的行为批准立案查处。

【案例点评】

物业服务企业安装电梯的初衷是方便业主，但一定要在合法合规的前提下使用。